아이의 오감을 깨우는
몬테소리 육아

아이의 오감을 깨우는
몬테소리 육아

집에서 할 수 있는
30가지 몬테소리 놀이

델핀 질 코트 지음 | 조선혜 옮김

 한국교육정보연구원

차례

서문	006
시작하기 전에	010

시각

- 몬테소리 모빌 — 024
- 사진 놀이 — 026
- 그림 그리기와 단색 콜라주 — 028
- 파스타를 관찰하여 골라내기 — 030
- 색깔 물병 만들기 — 032
- 팽이 접기 — 034
- 그림자 놀이 — 036
- 오감으로 하는 킴스 게임 — 038
- 무당벌레 요정 (수화) — 040

촉각

- 아기를 위한 감각 바구니 — 044
- 천 또는 고무풍선 만지기 — 046
- 감각의 길 — 048
- 발 마사지 놀이 — 050
- 신비한 각티슈 통 — 053
- 보물 상자 놀이 — 054
- 우툴두툴한 모래종이 글자 — 055
- 반죽 놀이 — 058
- 숨기고 찾기 — 061

후각

- 향기 놀이 — 064
- 향기 빙고 게임 — 066
- 정원에서는 무슨 향이 날까요? — 068
- 액체 향 맡기 — 070

미각

- 스타 셰프의 조리법 — 074
- 나의 취향 찾기 — 077
- 미각을 분류하는 병 — 078
- 미각 경험하기 — 080

청각

- 침묵 놀이 — 084
- 야외 놀이 — 086
- 악기 만들기 — 089
- 음악을 들으며 그림 그리기 — 094

서문

《프랑스식 하루 15분 몬테소리 놀이사전》을 출간한 후 아이의 필요에 따라 할 수 있는 쉬운 놀이와 교구들을 소개하는 주제별 안내서를 펴내고 싶었다. 이 책은 아이들의 오감을 발달시키는 방법을 찾는 부모와 유아 교육 종사자들을 위한 교재다.

몬테소리 교육 입문을 주제로 강의할 때면 나는 아이들의 오감 발달에 대해서는 그 중요성을 강조하면서, 우리 어른들은 유감스럽게도 일부 감각을 드러내지 않는다고 설명하곤 한다. 어른이 되면 사람이나 집의 냄새를 맡지 않으려 하고 살 물건과 옷을 제대로 만져 보지 않으며, 아이를 억지로 돌보거나 다른 일을 하면서 아이를 돌보는 경우에는 아이가 노는 모습을 제대로 지켜보지 않는다.

우리는 수많은 상황에서 유용하다고 확인된 직감 같은 다른 감각들을 쉽게 믿지 않는다. 또 눈으로 보는 첫인상에 전적으로 의존하는 경향이 있다. 신생아는 아직 시력을 지니고 있지 않기 때문에 모든 감각을 사용하여 주변 세상을 알아간다. 거의 보지 못하지만, 냄새로 엄마를 알아보고 목소리로 아빠를 알아본다.

나는 감각의 개수를 5개로 한정하지 않는다. 실제로는 훨씬 더 많다. 특히 시각 장애인과 청각 장애인에게서 몸과 정신의 기억력, 직감, 기분, 감정 및 여타 다른 감각들이 발달한 사실을 살펴볼 수 있다. 그렇다면 우리 어른들에게는 없는 감각을 아이들이 발달시킬 수 있도록 하기 위해서 어른들이 할 수 있는 방법은 무엇일까? 이러한 질문을 한다는 사실 자체가 당신이 이미 아이들 고유의 감각을 재발견하고 있다는 걸 의미한다. 마리아 몬테소리Maria Montessori에 따르면 아이는 오감을 사용하여 주변을 탐색한다. 이 과정은 정신 활동의 발달 단계에 속한다. 만 6세까지 아이는 다양한 감각의 인상에 관심을 가진다. '민감기'(13쪽을 살펴보자)의 목표는 아이가 주변과 관계를 맺으면서 감각 기관을 발달시키는 것이다.

마리아 몬테소리는 '감각의 세련'이 성인기에 완성되는 구별 능력을 결정짓는다고 생각했다. 왜냐하면 아이가 주위를 탐색하도록 내버려 두면(물론 안전하다는 가정하에) 아이는 성장하면서 신뢰감을 가지기 때문이다. 사물을 분류하고, 만지고, 다루고, 관찰하면서 아이의 사고력과 지능이 형성된다. 예를 들어 매우 어린 아이는 작은 공, 나무, 플라스틱 또는 금속 숟가락, 곰 인형, 죽은 파리, 고양이 배설물, 작은 부스러기 등 바닥에 떨어진 건 뭐든지 입에 넣고 즐거워한다(고양이 배설물은 우리 아이가 입에 넣으려는 걸 직접 봤다). 이 순간부터 아이의 미각이 형성되는 것이다. 아이가 과일과 채소를 처음 먹게 된 순간부터 우리는 아이가 달콤한 걸 더 좋아할 거라는 사실을 안다. 아이들은 이미 '좋음'와 '싫음'를 표현할 수 있다. 하지만 자신만의 취향을 가지기 위해서는 많은 재료를 맛보고, 만지고, 느끼고, 듣고, 보아야 한다. 따라서 부모, 교사, 영유아 돌보미, 조부모, 유아 교육 종사자들의 역할이 중요하다. 마리아 몬테소리의 교육법에서 영감을 받아 만든 놀이들이 그 역할에 도움이 될 것이다.

이 책을 활용하는 법

짧은 동화

- 이 놀이책에는 아이들과 함께 쓰고 아이들을 대상으로 한 짧은 동화가 부록으로 함께 구성되어 있다. 부록으로 첨부된 동화는 적절한 시기에 자녀 또는 원생들과 감각이라는 주제로 이야기할 수 있는 소재가 되어 줄 것이다. 아이들이 그 동화를 듣고 자극받는 걸 기다릴 때는 더 흥미롭다. 이러한 자극의 결과는 구체적인 상황에서 나타나는데, 예를 들어 케이크를 만들 때 찾아오기도 한다.

- 동화는 2개 언어로 쓰여 있다. 왜냐하면 몬테소리 교육은 외국어를 익혀 세계로 나아가는 것을 아주 중요하게 여기기 때문이다.

> "환경은 아이의 성격을 형성하는 게 아니라
> 아이가 스스로 그것을 드러내게 한다."
>
> 마리아 몬테소리

놀이

- '시작하기 전에' 끝부분에 주위의 재료를 활용한 교구 만들기 및 몬테소리 놀이와 주제를 탐색하는 다른 경로들을 제시했다. 이 교구를 통해 자녀와 함께 당신의 오감을 발달시키고 알아가는 경험을 맛볼 수 있다. 놀이는 시각, 촉각, 후각, 미각, 청각 다섯 부분으로 나뉘어 있다. 이 책을 집필할 때 운 좋게도 다른 전문가들의 도움을 받을 수 있었다. 세바스티앙 보네[Sébastien Bonnet]는 내가 사는 드롬[Drôme] 지역에 있는 레스토랑 클레베[Kléber]의 스타 셰프로서 우리에게 특별히 간편한 요리법을 알려 주어 아이들의 미각을 자극했고, 물리치료사이자 접골의(어긋나거나 부러진 뼈를 이어 맞추는 치료를 전문으로 하는 의사) 델핀 올리에 샬뱅[Delphine Ollier-Chalvin]은 아이들을 위한 발바닥 마사지법을, 수화 통역사 모드 마잘롱[Maud Mazalon]은 아이들이 손 율동과 함께 즐겁게 부를 수 있는 동요를 알려 주었다. 그 외에도 나는 교구 제작을 위한 많은 팁, 관련 주제의 유아용 참고 도서, 검색 사이트, 관련 링크들을 이 책에 담았다.

주의사항

교구는 '집'에서 만들기 때문에 완구 안전기준을 따르지 않아 삼킴 사고 같은 안전사고의 위험이 클 수 있다. 따라서 경계를 늦추지 않고 아이들을 지켜보면서 아이들이 교구를 다룰 때 늘 같이 있어야 한다. 작은 부품이 들어 있는 놀이 교구를 다룰 때는 특히 조심해야 한다. 나는 이 책에서 교구 제작 방법을 소개하지만 잘못된 사용으로 인해 발생한 일에는 어떤 책임도 지지 않는다.

여기에 소개된 놀이의 지적 재산권은 책의 저자이자 교구 제작자에게 있다. 허락 없이 상업용으로제작하는 것을 금지한다.

시작하기 전에

마리아 몬테소리

마리아 몬테소리는 1870년 이탈리아 키아라발레^{Chiaravalle}에서 태어나 매우 엄격한 가정에서 자랐다. 하지만 마리아의 어머니는 딸과 매우 친밀하게 지내며 마리아의 자유를 존중해 주었다. 마리아는 26세에 이탈리아 최초로 의과대를 졸업한 여성 의사가 되어 로마 정신 임상 병리대학에 근무하면서 지체 장애 아동들을 돌보았다. 그 아이들의 지능을 발달시키려면 손을 사용하는 놀이가 필요했지만, 아이들을 위한 마땅한 놀이가 없다는 사실을 알게 되었다.

비슷한 무렵 마리아는 프랑스 교육학자 장 이타르^{Jean Itard(1774~1838)}와 에두아르 세갱^{Édouard Séguin(1812~1880)}이 지체 장애 아들을 대상으로 진행한 연구를 접하게 되면서 1900년부터는 아동 교육학에 전념하기로 결심했다. 1899년 토리노에서 열린 아동교육 학회에서 자신의 연구를 발표했고, 당시 이탈리아 교육부 장관이었던 귀도 바첼리^{Guido Bacceli}에게 얼마 지나지 않아 로마에서 강연해 줄 것을 요청받기도 했다. 그녀는 지체 장애 아동들에 대해 말하면서 "나는 지체 장애의 문제는 의학보다 교육에 있다는 걸 알았다. … 나는 도덕 교육에 관한 보고서를 썼다"라고 말했다.

얼마 후에 마리아는 장애 아동들을 위한 재활 학교를 설립하여 교사를 양성했다. 교사들에게는 "결코 아이를 판단하려 들지 말고 관찰하세요"라고 당부하며 관찰의 중요성을 일깨웠다.

마리아는 로마와 파리에서 열린 수많은 학회에 참가하고 지체 장애 아동들에게 읽고 쓰는 법을 가르치면서 그 아이들이 평범한 아이들과 함께 시험을 쳐서 좋은 성적을 낼 수 있도록 연구했다. 1906년 자신이 돌보던 미취학 아이들을 위한 교육법을 만들면서 마리아는 인생의 전환점을 맞았다. 1907년에는 로마의 서민 거주 지역에 첫 번째 '어린이의 집Casa dei bambini'을 열었다. 이 '어린이의 집'은 마리아 몬테소리가 자신의 교육법을 확립하고 증명하는 실험 연구소이자 연구의 공간이 되었다.

1913년부터 마리아는 국제 강좌를 개설했으며 많은 협회와 구호 단체가 그녀에게 어린이의 집을 설립해 달라고 요청했다. 그녀는 여러 곳을 다니면서 강연을 하고 교수법 연수를 하면서 어린이의 집을 설립했다. 1921년부터 1931년에는 새로운 교육을 위한 국제 모임에 참여하고 학회에서 자신의 연구를 발표하면서 아돌프 페리에르Adolphe Ferrière, 존 듀이John Dewey, 로제 쿠지네Roger Cousinet와 같은 새로운 교육에 동참한 아동 교육의 거장들을 만났다. 1929년 마리아는 인간의 완전한 발달을 위해 고안한 자신의 교육 원칙과 실천 사례들을 보존하고 널리 알리고 장려하기 위해 국제몬테소리협회를 설립했다. 1952년 마리아가 네덜란드에서 사망한 후에는 그녀의 아들이 1982년 죽을 때까지 어머니의 업적을 이어 나갔다. 현재 몬테소리 유치원은 전 세계에 2만 2,000여 곳에 이른다.

> "손이 몸에 필요한 사물을 움켜쥐는 기관이라면
> 감각은 지능 발달에 필요한 외부 세계를
> 포착하는 기관이다."
>
> 마리아 몬테소리

몬테소리 교육의 주요 원칙

> "아이는 우리가 가득 채워야 하는 항아리가
> 아니라 물이 솟아나는 샘이다."
>
> 마리아 몬테소리

자녀와 함께 할 수 있는 여러 가지 감각 놀이를 알아가기 전에 몬테소리 교육에 대한 몇 가지 정보를 알려 주는 게 중요할 것 같다. 몬테소리 교육은 아이의 감각을 일깨워 주는 열린 교육 방법론으로 '삶을 살아가는 데 도움을 주는' 것을 교육이라고 여긴다.

어른의 역할

마리아 몬테소리는 아이와 함께 놀이에 참여하는 어른의 태도와 역할을 다음과 같이 매우 잘 서술했다. "어른은 쉽게 끼어들어 말하기보다는 침묵할 줄 알아야 한다. 가르치는 대신 관찰해야 한다. 내가 잘못하지 않았다고 확신하기보다는 잘못한 경우 겸손하게 책임질 줄 알아야 한다."

어른은 친절하고 신중하게 아이를 이끌어야 하고 아이의 욕구와 능력에 따라 주변을 탐색할 가능성과 자유를 주어야 한다.

> "아이가 창의적인 놀이를 하는 데 도움을 주려고 선의로 아이를 대신하는 것은 아이에게 불필요한 일이다. 아이를 대신해서 해 주는 것은 돕는 게 아니라 오히려 아이의 발달을 방해하는 것이다. 아이에게 필요한 요소가 주어진 최적의 환경에서 아이가 자율적으로 행동할 수 있도록 해야 한다. 하지만 우리는 이 자유라는 감각에 대해 분명히 밝혀야 한다. 자유란 원하는 모든 걸 마음대로 한다는 의미가 아니다. 자유는 오히려 다른 사람의 직접적인 도움에 의존하지 않되 대단히 중요한 욕구를 만족시킬 수 있는 것을 의미한다."
>
> 마리아 몬테소리

민감기

아이는 자신만의 리듬과 탐색 욕구를 가진다. 그러므로 아이에게 강요하지 않는 태도가 중요하며 단지 아이가 배우려고 할 때 호의적인 태도로 곁에 있으면 된다. 마리아 몬테소리에 따르면 아이가 자신의 에너지로 어떤 능력을 획득하는 순간을 '민감기'라고 부른다. 부모의 역할은 안전하고 충분히 탐색할 수 있는 장소를 찾  아 최적의 준비된 공간으로 만드는 것이다. 민감기의 여러 시기 가운데 마리아 몬테소리는 감각 세련의 시기에 대해 말한다. 생의 첫 시기에 해당하는 감각 세련의 시기에 아이는 자신의 감각을 통해 주변을 탐색한다. 청각, 시각, 촉각, 미각, 후각을 사용하여 아이는 자신의 주변에 있는 온갖 정보를 흡수한다. 프랑스 철학자 베르그송[Bergson]은 "감각에 속하지 않는 지능에는 아무것도 존재하지 않는다"라고 말했다.

> "민감기는 한창 발달 과정에 있는 사람, 즉 아이만이 가지는 특별한 감수성이다. 민감기는 지나가는 시기로, 바로 이때 성격이 형성된다. 성격이 한 번 형성되면 감수성도 변하지 않는다. 각각의 성격은 충동을 통해 안정화된다…."
>
> 마리아 몬테소리, 《어린이의 비밀》

놀이에 적합한 장소는?

대개 아이의 키에 맞는 테이블에 앉거나 아이가 원하는 장소에 카펫을 직접 펼치게 한다. 바로 그곳이 놀이 공간이 된다. 아이가 놀이를 끝내면 아이 스스로 테이블과 카펫을 닦거나 정리해야 한다.

놀이 시범이란?

놀이 '시범'은 몬테소리 교육에서 가장 중요한 과정이다. 일상의 모든 행동을 아이에게 시범으로 보여 주어야 한다. 어른은 쉽게 해내지만 아이는 동작을 배워서 터득하는 행동으로 걷기가 좋은 예라고 할 수 있다. 어른에게는 쉽게 느껴지지만 아이는 타고나지 않은 행동이다. 손을 닦고, 쟁반을 들고, 조용히 문을 닫는 행동들을 아이에게 보여 주는 것은 특히 중요하다.

대개 놀이에 필요한 교구는 나무 또는 플라스틱으로 된 쟁반에 놓여 있으며 쟁반은 아이들이 작은 손으로 들 수 있도록 손잡이가 달려 있다. 어쩔 수 없이 내가 만든 교구 중 몇 개는 가방 모양의 종이 상자, 신발 상자, 얼음통처럼 생긴 플라스틱 음식 용기, 소쿠리에 정리한다. 또는 아래 사진에서 보이는 것처럼 서랍이 있는 선반의 층에 각 놀이에 해당하는 교구들을 하나씩 보관한다.

아이가 새로운 놀이를 정하면 아이 옆에 자리 잡고 정확한 어휘를 사용해서 쟁반에 있는 사물들을 설명하자. 이 과정에서 아이의 어휘력이 풍부해진다.

그러고 나서 아이에게 놀이를 설명하자. 천천히 몸짓으로 보여 주되 말은 하지 않고 단어 몇 개만을 사용하는 게 좋다. 불필요한 행동이나 말을 사용하지 않도록 주의하자. 혼자서 또는 다른 사람 앞에서 놀이 설명을 미리 연습해 보면 좋다. 아이들이 금방 익숙하게 해내는 걸 보게 될 것이다. 아이는 당신이 모든 걸 설명해 주길 원하며 이 과정에서 자신감

을 얻는다. 아이가 놀이 방법을 알게 됨으로써 뜻밖의 어려움을 겪지 않기 때문이다. 놀이를 설명할 때 아이들이 차분하고 조용할수록 아이들은 해야 할 몸짓을 더 쉽게 배운다.

시범 설명은 한 번에 끝내야 한다. 끝나면 아이와 놀이를 시작하도록 하자. 이때부터 아이가 놀이를 탐색하도록 내버려 두자. 놀이를 마치면 다음번에 아이가 교구들을 쉽게 찾을 수 있도록 뒷정리하는 모습을 보여 주자. 실제로 나는 아이의 나이와 운동 발달 정도에 따라 내가 운영하는 몬테소리 교육 아틀리에 수업에 아이들을 받고 수업에서 놀이를 변형한다. 최선을 다하지만 나라고 모든 게 완벽할 수 없다. 그러니 여러분도 주저하지 말고 일단 시작하자. 시간, 교구, 지식이 없다고 미루지 말자. 할 마음이 든다면 바로 시작하자.

놀이 교구의 재료는 어디서 구할까?

- 집, 주위 사람, 창고를 활용하자. 당신이 찾아내 만든 모든 교구가 유용할 것이다.
- 할인 매장과 원예용 도구를 판매하는 원예 전문 매장에서도 구할 수 있다. 합판으로 만든 작고 가벼운 이동식 카트와 값싼 용품들을 찾기 위해 문의해 보는 방법도 있다.
- 집에서 가까운 비영리 단체 매장에서 찾아볼 수도 있을 것이다.
- 중고 용품 판매 사이트를 활용할 수 있다.
- 사는 지역의 공장이나 회사에 요청하여 종이 상자를 구할 수 있다.
- 재활용센터는 폐기물을 모아서 재생한 뒤 매우 저렴한 가격에 재활용할 수 있는 물건들을 판매하는 곳이다. 재활용센터를 활용해 보자.

몇 살부터 이 놀이를 할 수 있을까?

부모들과 교사, 어린이집 보육 교사, 영유아 돌보미 같은 유아 교육 종사자들이 내게 종종 이 질문을 한다. 자녀 3명 모두 달랐던 육아 경험과 어린이집, 유치원, 놀이 수업에서 관찰했던 전문적인 경험으로 나이에 따라 놀이를 따로 분류하지 않는다. 시중에 나와 있는 장난감처럼 사용 연령대가 제시되면 자녀와 놀이를 하려고 했던 부모의 행동반경은 제약을 받는다. 특히 냄새 맡고, 듣고, 맛보고, 만지고, 바라보고, 느낌을 표현하는 오감을 주제로 하는 놀이에 적절한 나이란 없다. 나는 지체 장애

가 있거나 다른 장애가 있는 아이들을 수업에 받는다. 나이에 상관없이 그 아이들이 속한 발달 단계와 아이들이 진정 원하는 게 무엇인지 관찰한다. 왜냐하면 모든 아이는 예외적이고 유일한 존재이기 때문이다.

아이의 발달 단계를 관찰하면서 아이가 먹고 마시고 싶어 하는 것을 자연스럽게 알아가듯이 아이의 몸과 정신에 자양분이 될 욕구도 자연스럽게 이해할 수 있다.

그러므로 몬테소리 놀이는 나이와 상관없이 누구나 즐길 수 있다.

감각 이해하기

참여형 온라인 백과사전 위키피디아에 이런 설명이 있다. "생리학자 베사 뷔고$^{Bessa\ Vugo}$가 제안했고 가장 널리 사용되는 감각의 정의는 다음과 같다. 감각이란 일종의 수용체로서 여러 형태의 에너지(자극)를 포착하여 변형한 다음 중앙 신경체에 신경 임펄스(자극에 의하여 신경 섬유를 타고 전해지는 활동 전위)의 형태로 전달하는 감각 세포다. 이 신경 임펄스는 엄밀히 말하면 감각을 지칭하며 뇌에 의해 해석되고, 뇌가 없는 생명체는 그 역할을

> **다음은 오감과 연관된 동사로, 괄호 안은 수용 기관으로 쓰이는 신체 기관이다.**
>
> **미각**(입): 맛을 보다, 시식하다, 음미하다
> **후각**(코): 냄새나다, 냄새를 맡다, 킁킁거리다
> **청각**(귀): 듣다, 귀 기울이다, 들리다
> **촉각**(피부): 접촉하다, 손으로 만져 보다, 손으로 더듬다
> **시각**(한쪽 눈/ 양쪽 눈): 보다, 지켜보다, 감탄하며 바라보다

하는 다른 기관에 의해 해석되고 지각한다. 그 후에 신경 임펄스는 행동 가능성의 형태로 코드화되고 정보는 뇌의 특수 부위에 전달된다. 자극의 형태에 따라 뇌의 처리 부위가 달라지며 후각, 시각, 촉각 자극을 처리하는 부위가 저마다 특수화되어 있다."

프랑스 교육부 또한 감각에 대해 정의를 내리고 있다. 2015년 유치원 프로그램의 일부 발췌본을 함께 살펴보자. "아이들은 감각 능력을 풍부하게 하고 발전시켜 감각을 사용해서 자신들의 후각, 미각, 촉각, 청각, 시각적인 특성에 따라 여러 현실을 구분한다. 가장 연령대가 높은 유치원 아이들의 경우에는 이 현실을 비교, 분류, 정리하고 언어를 사용해 묘사하며 범주에 따라 현실을 분류할 수도 있다. 감각을 사용함으로써 아이들은 사물을 인식한다. 이러한 관점에서 우리는 아이들에게 다음과 같은 놀이를 권장한다.

- 촉각의 종류 탐색(우툴두툴함, 매끈매끈함, 물렁물렁함)
- 촉각을 이용한 형태와 크기 탐색(킴스 게임 Kim's game)
- 미각과 후각의 특성 탐색(질감, 냄새, 맛)
- 사물의 시각적인 특성 탐색(색깔, 밀도, 명도 대비, 채도 대비)

음식으로 감각을 탐색하는 것은 미각 교육을 설명하는 데 도움이 된다. 감각 교육은 개인의 지각에서 출발하여 다음과 같은 역할을 한다.

- 감각을 활성화한다.
- 더욱 합리적인 정보를 제공한다.
- 지각한 현실을 기반으로 세계를 재현한다.

마리아 몬테소리에게 모든 학습은 감각을 발달시키고 교구를 다루면서 이루어진다. 그녀는 특히 감각 발달과 관련된 놀이를 많이 만들어 냈다. 그녀의 저서 《과학적 교육학》(국내에는 《아이의 발견》으로 번역 출간됐다-옮긴이주)에서 마리아 몬테소리는 "감각 교육은 아주 어린 나이 때부터 방법론을 적용해서 시작해야 하며 자신이 속한 환경에서 살아가는 교육 기간 내내 지속되어야 한다"라고 명시한다.

이러한 몇몇 정의와 관점에 따라 우리는 아이가 매우 어릴 때부터 감각 발달을 통해 성장하고 세상을 알아가도록 하는 감각 교육의 중요성을 깨닫는다.

알아 두기

많은 박물관에서는 이제 시각 장애인과 청각 장애인이 만지고 느낄 수 있는 작품을 만들어 전시한다. 전시는 대개 모든 관람객에게 열려 있다. 나도 집에서 가까운 박물관에서 아이들과 꽃향기를 맡고 테이블에 놓인 여러 천을 만져 보는 전시를 직접 관람했다. 이 경험 덕분에 단지 시각적으로만 강한 인상을 받는 데 그치지 않고 생동감을 느낄 수 있었다. 루브르 박물관에는 방문객이 작품과 직접 상호작용하며 관람할 수 있는 촉각 갤러리가 따로 있다. 이 갤러리에서 방문객은 눈으로 보는 것이 아닌 만지는 새로운 방식으로 조각품을 경험할 수 있다.

쉬어 가기: 오감 깨우기

> "우리의 다양한 눈, 귀, 후각, 미각이 지구에 사는 사람 수만큼의 진리들을 만들어 낸다."
>
> 기 드 모파상 Guy de Maupassant

이 책을 읽고 교구를 만들기에 앞서 당신과 자녀들을 위해 짧게 쉬어 가는 시간을 갖기를 바란다. 모든 사람은 오감을 지니고 있지만, 정도의 차이가 있으므로 오감을 사용하는 방법도 각자 다르다. 또한 오감을 한꺼번에 사용하여 세상의 아름다움을 지각한다.

당신은 앉거나 누워도 된다. 집 밖이든 안이든 상관없이 편한 자세를 취하자. 그리고 눈을 감고 여러 번 숨을 들이쉬고 내뱉어서 몸을 편안하게 하고 당신의 감각을 깨워라. 후각을 열어라. 무슨 냄새가 나는가? 부엌에서 찌고 있는 채소, 오븐에서 굽는 케이크, 비 냄새….

집 안에서 들리는 소리에 귀 기울여 보자. 파리가 윙윙거리는 소리, 창 덧문이 부딪히는 소리, 차 소리, 지나가는 비행기 소리…. 시각만이 아니라 당신의 모든 감각을 깨워서 길들이고 다시 익숙해져라.

육아 보조기관 RAM 책임자 크리스틴의 조언

오감을 생생하게 표현한 아주 재미있는 동요를 불러 보자.

"나는 눈으로 보고 귀로 듣고 입으로 맛보고 코로 냄새 맡고 손으로 만져요. 나는 발로 걷고 머리로 생각하고 마음으로 좋아하죠. 나는 늠름한 체격을 가졌어요. 키가 아주 작아도 상관없어요. 나는 소리 없이 자라거든요."

시각

시각과 연관된 신체 기관은 눈이다. 빛이 눈꺼풀을 통해 스며들어 눈의 수정체를 통과하면 정보는 시신경에 의해 뇌에 즉시 전달된다. 시각은 우리가 가장 중요하게 여기는 감각으로 우리는 사물을 눈으로 보고 평가한다. 시각을 통해 우리는 우리를 둘러싸고 있는 것, 곡선, 색깔, 형태를 명확하게 평가하고 관찰한다. 눈을 크게 뜨기 위한 몇 가지 놀이를 살펴보자.

"마음으로 봐야 잘 보여.
가장 중요한 건 눈에 보이지 않는 법이야."

앙투안 드 생텍쥐페리 Antoine de Saint-Exupéry, 《어린 왕자》

몬테소리 모빌

몬테소리 모빌은 아기의 인지 능력 향상에 좋다. 이것이 아이들과 부모들에게 큰 사랑을 받는 이유는 가격이 저렴하기 때문인데 더 중요한 점은 소리가 나지 않는다는 것이다.

무나리 모빌

무나리 모빌은 아기가 처음 만나는 모빌이다. 생후 3주 아기에게 적합하며 이탈리아 밀라노 출신 예술가 브루노 무나리 Bruno Munari(1970~1998)에게 영감을 받아 만들어졌다. 화가이자 조각가, 디자이너였던 무나리는 아이들을 위한 책을 쓰고 삽화를 그렸다. 무나리 모빌은 흑백 모형들과 투명한 공으로 구성되어 있으며 투명한 공이 만드는 효과로 아기는 빛과 그림자의 대비를 인지할 수 있다.

팔면체 모빌

팔면체 모빌은 생후 6주경의 아기에게 적합하다. 선명한 원색과 팔면체 모형은 색을 이제 막 구별해 내기 시작한 아이의 시각을 자극하는 효과가 있다. 이 모빌은 파랑, 노랑, 빨강 팔면체 모형 3개로 구성되어 있으며 나일론 실로 고정되어 있다.

0~1세 아기의 시지각 발달 단계

신생아는 눈으로 보는 범위가 매우 좁아서 20~40cm 내의 얼굴만 볼 수 있다. 엄마 뱃속에는 빛이 없었기에 갓 태어난 아기는 밝기와 명암 구별만 가능하다. 따라서 신생아의 눈에는 사물이 모두 흐릿하게 보인다. 하지만 시각은 점차 발달하여 생후 3개월이 되면 기본색을 인지한다. 생후 4개월에는 사물을 두 눈으로 보는 것이 가능해져 거리 차이를 인지하고 물체를 손으로 직접 붙잡을 수 있게 된다. 이후부터 시야가 점점 넓어지고 초점을 분명히 맞출 수 있다. 한 살 아기는 눈과 몸을 혼자서 조절할 수도 있다.

고비 모빌

고비 모빌은 생후 2개월 아기에게 적합하다. 모빌을 구성하는 색상은 옅고 짙은 정도가 달라서 아기의 집중력을 높이고 아기의 마음을 평온하게 해 준다. 모빌을 조립하는 데 시간이 오래 걸리지만 완성되면 멋진 모빌을 감상할 수 있다. 마리아 몬테소리와 함께 일했던 지아나 고비Gianna Gobbi가 만든 고비 모빌은 지름 4cm의 공 5개로 구성되어 있으며 공의 표면은 실로 덮여 있다. 본래 옅고 짙은 정도가 다른 분홍색 공으로 구성되지만 다른 색상도 사용할 수 있다.

춤추는 모빌

마리아 몬테소리가 만든 춤추는 모빌은 생후 3개월 아기에게 적합하다. 이 모빌은 사람 형상 4개로 구성되어 있으며 사람 형상 하나가 세 부분으로 나뉘어 있다. 홀로그램 종이로 만들어져 빛을 내고 빛을 반사하는 가벼운 형상들은 방의 공기가 움직이면 댄서들이 마치 춤을 추는 듯이 보인다.

사진 놀이

사진 놀이는 부엌, 욕실, 방, 정원처럼 주어진 장소에서 관찰을 통해 물건을 찾아내는 놀이다.

교구 준비

- 종이에 직경 30cm의 원을 여러 개 그리고 가위로 오려 내자.

- 만 3세 이하 아이들의 경우에는 아이들이 잘 아는 장소, 예를 들면 부엌, 욕실, 방처럼 공간의 경계가 분명한 좁은 장소를 선택한다. 보다 연령대가 높은 아이들의 경우에는 집이나 정원처럼 좀 더 넓은 공간을 선택한다.

- 선택한 장소에서 찾을 수 있는 물건을 사진으로 찍어 보자. 또 그 장소에 없는 물건의 사진도 준비하자.

- 사진을 출력해서 종이에서 오려 낸 원판에 붙여 보자.

준비물

- 종이(마분지)
- 가위
- 컴퍼스
- 자
- 양면테이프
- 카메라
- 프린터
- 빨래집게

"같은 원리로 여러 색깔의 펠트로 된 작은 바지와 셔츠를 만들었다. 그리고 작은 건조대와 빨래집게를 준비했다. 빨간 셔츠, 파란 바지, 노란 셔츠 등 건조대에 걸어둔 옷 사진을 찍었다. 아이는 사진을 보며 똑같이 재연해야 하며 옷을 사진과 같은 순서대로 널어야 한다."

엘레나, 유아 교육 자격증 과정 학생

놀이 방법

- 아이에게 사진 속 물건을 찾는 놀이라고 설명하자.

- 물건을 찾는 데 성공하면 아이가 빨래집게로 사진을 집도록 한다. 그리고 이 장소에 없는 물건 사진을 보여 준다. 아이는 그 물건이 어디에 있는지 찾을 수 있다.

- 아이들에게 물건 사진을 보여 주면서, 자신들이 어디 있는지 쉽게 알 수 있도록 이 놀이의 장소로 아틀리에를 선택했다. 이 장소에 속하지 않는 물건으로는 특히 침대 사진을 사용했다.

- 아이들의 욕구에 따라 아이들이 찾기 힘든 작은 물건이나 욕실에서 찾아야 하는 헤어드라이어, 책장에 꽂혀 있는 책, 부엌에서 찾을 수 있는 쌀 봉지 등 집 안 곳곳에 있는 다양한 물건 사진을 찍어 더 정교한 놀이를 진행할 수 있다.

그림 그리기와 단색 콜라주

텔레비전을 많이 보거나 텔레비전에 푹 빠지면 우리는 이따금 시간을 들여서 하는 행동의 중요성과 좋은 점을 잊어버린다. 그림 그리기는 아이의 글자 모양과 글씨체를 발달시키고 아이의 구조화 능력을 향상시키는 데 매우 중요한 역할을 한다.

놀이 방법

- 아이가 그림을 그리거나 한 가지 색상의 단색화 오리기를 하도록 하자. 아이는 선 긋기, 윤곽선, 형태, 곡선, 두께, 질감에 온전히 집중한다.

- 놀이를 시작하기 전에 아이에게 여러 화가가 그린 단색화 작품들을 보여 주며, 작품에서 영감을 받고 예술 문화에 눈을 뜨게 하자.

준비물
- 수성펜, 액상형 물감, 색종이
- 약간 두껍고 제법 큰 흰 종이

놀이 Tip

앙리 마티스 Henri Matisse, 이브 클라인 Yves Klein, 로버트 라이먼 Robert Ryman, 엘스워스 켈리 Ellsworth Kelly, 클로드 뤼토 Claude Rutalut, 피에르 술라주 Pierre Soulages, 클레망 모세 Clément Mosset, 앨런 맥컬럼 Allan McCollum 등 많은 화가와 조각가에게서 착상을 얻을 수 있다. 그랑 팔레 사진 아카이브 사이트(www.photo.rmn.fr)의 단색화 사진도 참조하여 영감을 얻어 보자.

- 아이는 색깔 한 가지를 골라 수성펜이나 물감으로 재료의 질감이 잘 드러나게 표현할 수 있다. 굵은 선을 긋고 뒤이어 가는 선을 그으면서 '테스트'용 크로키(스케치)를 여러 개 그려 본다. 풍경이나 눈사람처럼 가장 낮은 연령대의 아이들이 많이 선호하는 주제를 선택한다.

파스타를 관찰하여 골라내기

골라내기는 정리 능력을 발달시킨다. 아이는 분류하고, 정리하고, 골라내는 과정을 통해 논리적인 사고가 가능해진다. 파스타는 이 놀이를 하는 데 흥미로운 재료로 쓰인다. 파스타의 형태가 매우 다양하여 재미있는 놀이를 할 수 있기 때문이다.

놀이 방법

- 처음에는 종류가 다른 파스타 4개로 시작하자. 아이가 흥미를 갖고 쉽게 해내면 파스타 종류를 늘려 나가자.

사용할 수 있는 파스타를 표로 정리했다.

마카로니	'C' 형태를 띤 튜브 모양
콘킬리에	조개 모양
파르팔레	나비 모양
피오리	꽃 모양
푸실리	나선형 모양
펜네	작은 튜브 모양
라디아토리	표면에 짧고 구불거리는 잔물결 무늬가 있어 라디에이터가 생각나는 모양
로텔	수레바퀴 모양

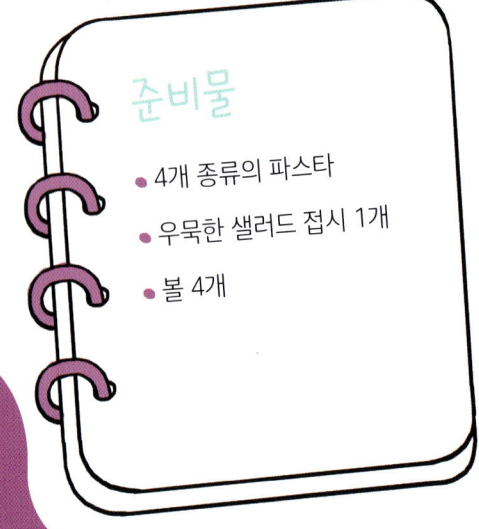

준비물
- 4개 종류의 파스타
- 우묵한 샐러드 접시 1개
- 볼 4개

"스파게티도 알고 할머니가 해 주신 마카로니도 알아요. 그런데 다른 것들은 이상하게 생겼어요. 먹을 수 있나요?"

위고 Hugo, 만 3세

- 커다란 샐러드 접시에 파스타들을 모두 섞는다. 아이에게 모양이 같은 파스타끼리 골라서 각각 다른 볼에 넣으라고 설명한다.

놀이 Tip

아이가 파스타를 관찰하여 전부 골라내면 아이와 함께 물과 밀가루를 섞어 반죽을 하고 다양한 모양의 파스타를 만들어 보자.

색깔 물병 만들기

여러 가지 색깔 물병 놀이는 아이가 색깔이 있는 액체를 관찰하고 색깔의 짙음과 옅음을 분류할 수 있게 한다.

놀이 방법

- 모든 병에 똑같은 양의 물을 담고, 병 2개에는 파랑 색소, 다른 병 2개에는 빨강 색소, 나머지 병 2개에는 노랑 색소 몇 방울을 떨어뜨리자.

- 빨강, 노랑, 파랑 색소를 넣은 병 1개씩을 따로 떼어 두자.

- 나머지 병 3개를 사용해 혼합색을 만들자.
    - 파랑 유리병 + 노랑 색소 몇 방울 = 초록
    - 노랑 유리병 + 빨강 색소 몇 방울 = 주황
    - 빨강 유리병 + 파랑 색소 몇 방울 = 보라

- 병뚜껑을 다시 닫는다. 이때 초강력 접착제로 뚜껑을 단단히 고정하자.

- 작은 통이나 바구니에 유리병들을 정리하고 아이들이 마음껏 갖고 놀게 하자. 병을 살펴보고 흔들어 보고 굴려 보게 하자.

준비물

- 작은 생수병 6개
- 빨강, 노랑, 파랑 3원색 식용 색소
- 작은 통이나 바구니
- 초강력 접착제

놀이 Tip

색소 대신 석류 시럽을 사용하여 이 놀이를 할 수 있다. 놀이가 끝나면 맛을 보자. 이 주제와 관련해 내가 좋아하는 추천 도서가 있다. 레오 리오니의 《파랑이와 노랑이》다.

연령대가 높은 아이들을 위한 색의 짙고 옅음 놀이

- 유리컵 4개에 똑같은 양의 물을 어떻게 채우는지 보여 주자.

- 첫 번째 유리컵에는 파랑 색소 한 방울, 두 번째 유리컵에는 몇 방울을 더 떨어뜨리는 식으로 유리컵마다 파랑의 짙고 옅음의 차이가 확실해질 때까지 유리컵에 색소 양을 조금씩 늘려 나간다.

준비물

- 한 가지 색상의 식용 색소 튜브
- 스포이드
- 유리 용기 4개(요거트 또는 잼 용기, 투명한 플라스틱 컵)
- 물 1병

팽이 접기

팽이는 정지했을 때와 회전할 때 보이는 것을 확인하기 위한 매우 좋은 실험 도구다.

놀이 방법

- 원하는 팽이 크기에 따라 적당한 크기의 똑같은 정사각형 모양 2개를 오리자(직경 3cm의 팽이를 만들려면 9x9cm의 정사각형이 필요하고 직경 4cm의 팽이를 만들려면 12x12cm의 정사각형이 필요하다).

- 오린 정사각형을 삼등분하여 접자. 선을 그어서 그대로 따라 접으면 도움이 된다. 각 변의 길이가 9cm인 정사각형의 경우에는 3cm 간격으로 선을 2개 긋는다.

- 직사각형 종이의 모서리 끝부분을 세모로 접고 다른 반대쪽도 사진처럼 접어 보자.

- 두 번째 직사각형 종이도 앞에서 한 것과 똑같이 한다.

- 그러고 나서 두 종이를 포개면 가지가 4개인 별 모양이 된다.

- 뾰족한 가지의 끝부분들이 서로 교차되도록 중앙을 향해 접어 정사각형 모양을 만든다.

준비물

- 서로 다른 색깔의 색종이 2장
- 가위
- 성냥개비 1개
- 수성펜
- 컴퍼스

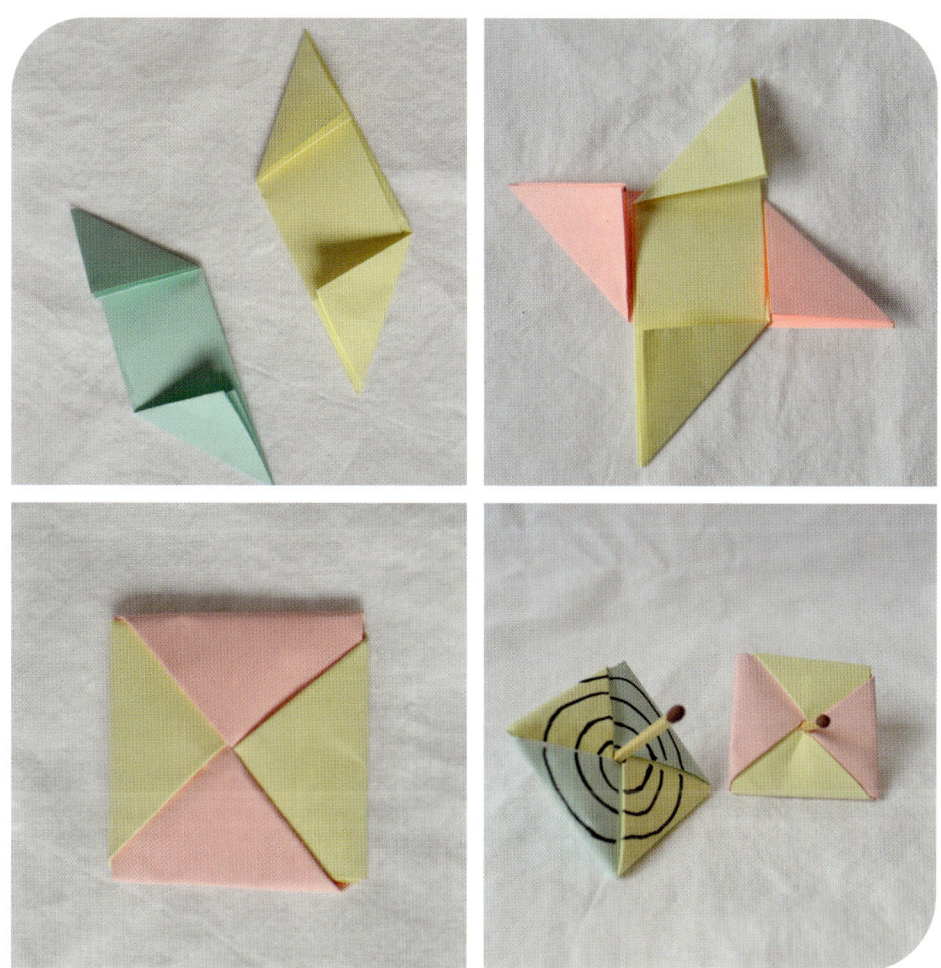

- 컴퍼스의 뾰족한 끝부분이나 칼로 팽이 중앙에 구멍을 내고 구멍에 성냥개비를 1개 꽂자.
- 이제 팽이를 돌리기만 하면 된다.

놀이 Tip

중심부에서 가장자리를 향해 나선형 모양으로 팽이를 꾸미면, 아이는 새로운 시각적 경험을 할 수 있다. 팽이가 빙글빙글 회전할 때 나선형 모양이 움직이는 듯한 시각적 효과가 생긴다.

그림자 놀이

그림자는 태양과 빛을 막는 사물의 존재와 관련이 있다. 광원과 반대쪽에 생기는 그림자는 낮 동안 위치가 바뀐다. 여러 실험을 통해 해가 움직이면 그림자도 움직인다는 사실을 명확히 알게 하자.

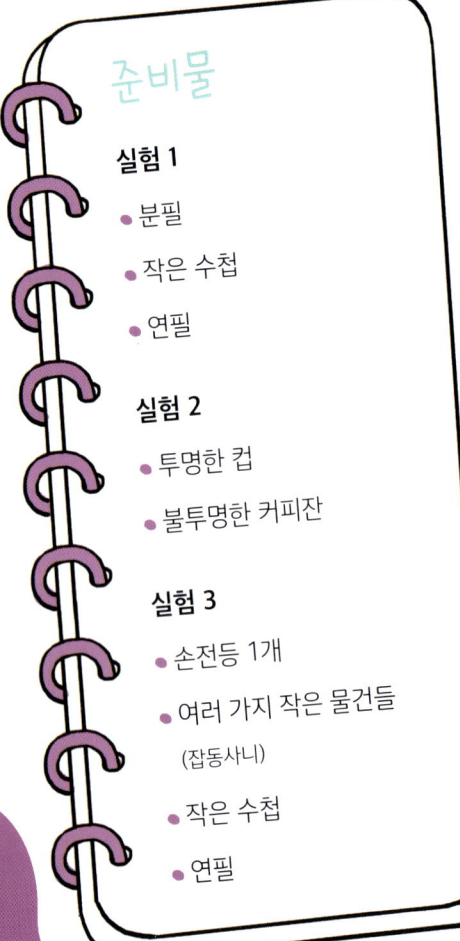

준비물

실험 1
- 분필
- 작은 수첩
- 연필

실험 2
- 투명한 컵
- 불투명한 커피잔

실험 3
- 손전등 1개
- 여러 가지 작은 물건들 (잡동사니)
- 작은 수첩
- 연필

실험 1

- 주차장이나 운동장처럼 되도록 환히 트이고 바닥이 포장된 장소에 가서 다양한 그림자를 관찰하자. 몸의 그림자와 표지판, 가로등 같은 사물의 그림자를 관찰하자.

- 분필로 바닥에 드리워진 그림자를 그리자.

- 같은 날짜, 같은 장소에서 여기저기 위치를 바꿔 가며 다른 시간대에 분필로 바닥에 드리워진 그림자를 그리자. 무슨 일이 생길까? 언제 그림자가 가장 길어지고 가장 짧아질까? 이러한 사실에서 어떤 결론을 얻을 수 있을까? 아이에게 날짜, 실험 시간, 일조량 등과 같은 내용을 작은 수첩에 적게 하고 나무 그림자처럼 아이가 직접 관찰한 그림자를 그리게 하자.

놀이 Tip

하얀 천 뒤에서 손가락으로 그림자 연극을 해 보자. 아이의 관심을 사로잡을 수 있다.

실험 2

- 해가 잘 드는 곳에 유리컵과 커피잔을 놓고 관찰하자.
- 햇빛이 유리컵은 통과하고 커피잔은 통과하지 못한다는 사실을 아이와 확인하자. 커피잔 그림자는 매우 짙은 색이고 유리컵 그림자는 옅은 색을 띤다.

실험 3

- 흰 벽에 손전등을 비추었을 때 조명이 비치는 부위와 그림자가 지는 부위를 관찰하자.
- 수첩에 자동차, 플라스틱으로 된 동물 등 작은 장난감을 비추었을 때 생기는 그림자의 윤곽선을 따라 그려 보자.

오감으로 하는 킴스 게임

킴스 게임은 모든 연령대에서 난이도를 달리하여 진행할 수 있는 오감 발달을 위한 놀이로 특히 시력을 발달시킨다. 최소 둘 이상씩 짝을 이루며 게임자와 진행자로 구성된다.

빼낸 것 알아내기

- 아이에게 카펫에 놓여 있는 물건들을 2분 동안 보여 주면서 눈으로 확인하게 하자.
- 아이가 눈을 감고 있는 동안 진행자는 물건 1개를 숨긴다.
- 아이는 눈을 뜨고 무엇이 없어졌는지 알아내야 한다.

추가된 것 알아내기

- 물건 1개를 빼냈던 앞의 놀이와 반대로 진행자는 아이가 눈을 감고 있을 때 물건 1개를 추가한다.
- 아이는 새로 나타난 물건이 무엇인지 알아내야 한다.

준비물

- 서로 다른 물건 4~6개
  (아이의 수준에 맞는 물건으로 고른다)

알아 두기

킴스 게임은 조지프 러디어드 키플링Joseph Rudyard Kipling이 1901년에 쓴 소설 《킴Kim》에서 유래한 보드게임이다. 이 소설은 킴이라는 고아 소년과 소년의 인도자 라마승이 통과 의례를 거치는 내용이다.

숨겨진 것 알아내기

- 아이 앞 바닥에 물건들을 늘어놓는다. 아이가 일정한 시간 동안 물건들을 눈으로 관찰하고 나면 진행자는 천으로 물건을 덮는다.
- 아이는 자신이 기억하는 물건들을 종이에 적거나 그려야 한다.
- 많은 물건이 담긴 서랍을 사용하여 난이도를 높일 수 있다. 아이가 서랍 안 물건들을 관찰하고 나면 진행자는 서랍을 닫는다.

열을 맞춰 줄 세우기

- 물건들을 한 줄로 나열하여 잘 보이도록 한다. 아이는 2분 동안 관찰하고 눈을 감는다. 진행자가 물건들의 위치를 바꾼다. 아이는 원래 순서대로 물건들을 다시 배열해야 한다.

무당벌레 요정(수화)

수화와 아기의 몸짓 언어 교육을 받은 모드 마잘롱은 자연스러운 신체 어휘를 늘리기 위해 아이들과 함께 동요 부르기를 제안한다.

무당벌레 요정, ①
신이 내려 주신
무당벌레 요정, ①
하늘 높이 날아가요. ②
작고 흰 점, 무당벌레 요정은 기다리고 있어요. ③, ④
작고 붉은 점, 무당벌레 요정이 움직여요. ⑤
작고 검은 점… ⑥
무당벌레 요정, 잘 가요! ⑦, ⑧

놀이 Tip

나타나엘 부이에 샤를르 Nathanaëlle Bouhier-Charles의 《수화로 얘기해요》를 읽어 보고 온라인 수어 사전 사이트를 방문해 보자.

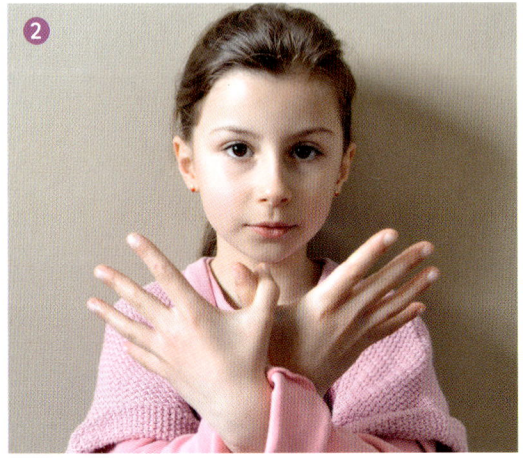

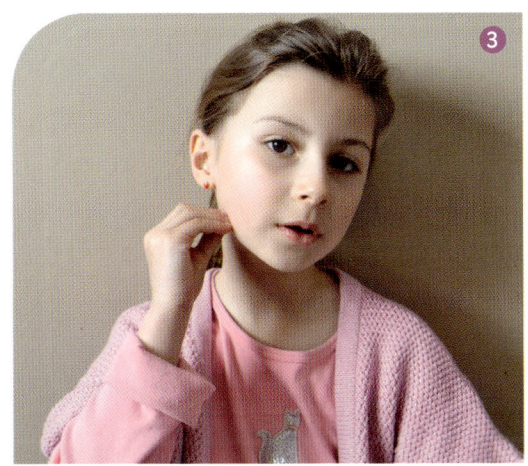

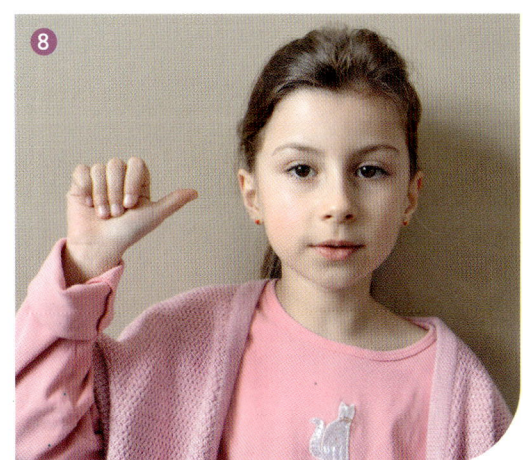

촉각

촉각과 연관된 주요 신체 기관은 피부다. 뇌에 신호를 보내는 신경 말단은 표피 아래 진피 부위에 있다. 우리가 만지고 느끼지 못하는 상황이 발생하더라도 촉각은 우리의 생존에 반드시 필수적인 감각이다. 촉각을 통해 우리는 주변 세상을 이해할 수 있다. 어루만짐 같은 접촉은 평안함을 안겨 주고 화상이나 주사 같은 접촉은 반대로 고통을 안겨 준다. '생리적인 경보음'인 셈이다. 촉각을 발달시키고 부드러움, 우툴두툴함, 차가움, 따뜻함 등 수많은 감각을 이해하기 위해 아이들과 함께 할 수 있는 여러 가지 놀이를 추천한다.

"오감 중에서 시각, 청각, 후각은
촉각과 미각보다 금지사항이 더 적다."

레오나르도 다 빈치 Leonardo da Vinci

아기를 위한 감각 바구니

아기는 태어나자마자 오감이 급격하게 발달하기 시작한다. 따라서 아이에게 자주 자극을 주는 것이 중요하다. 아이가 삼킬 위험이 없는 질감과 모양이 다른 물건을 아이 손이 닿는 작은 바구니에 담아 두면 좋다.

주의! 아이가 물건을 만지는 동안 관여하지 않고 아이가 자유롭게 물건을 고르게 하되 안전을 위해 함께 있어야 한다. 또한 여러 재료가 들어 있는 플라스틱 병을 사용한다면 내용물이 흘러나오지 않도록 뚜껑을 접착제로 고정해야 한다.

준비물

- 바구니 1개
- 나무 딸랑이, 여러 가지 공, 나무 숟가락, 천 조각, 향기 나는 작은 통, 깃털, 씨앗 등이 담긴 플라스틱 병 등 다양한 물건

놀이 방법

- 다양한 물건 5~6개를 담은 바구니를 준비한다. 아이가 요구하거나 원한다면 물건의 개수를 늘릴 수 있다.

- 아이의 손이 닿는 곳에 바구니를 두자. 아이가 여러 장난감을 꺼내서 마음대로 충분히 가지고 놀게 하자.

- 아이가 더 이상 갖고 놀지 않으면 바구니를 정리하고 다음에 다시 꺼내서 아이 손이 닿는 곳에 두자.

놀이 Tip

장난감 회사들과 어떤 상업적 이해관계도 없지만, 내가 교구를 주문할 때 좋아하는 브랜드들이 있다. 특히 나는 홉토이즈^{Hoptoys} 브랜드를 좋아한다. 그 이유는 품질이 뛰어나고 종류도 매우 다양하며(온라인 주문 가능) 모두가 갖고 놀 수 있는 교구를 만들기 때문이다. 또한 네이처^{Nature}와 데쿠베르트^{Decouvrtes}, 깨우기&놀이$^{Eveil\ et\ jeux}$, 오파 몬테소리(www.oppa-montessori.net)와 몬테소리 상점에서도 교구를 쉽게 찾을 수 있다.

천 또는 고무풍선 만지기

몬테소리 교육에서 오감을 위한 교구로 천 또는 고무풍선을 준비할 때는 짝을 이룰 수 있도록 개수를 맞춘다. 여러 가지 천을 만져 본 후 같은 천을 찾는 게 이 놀이의 목적이다.

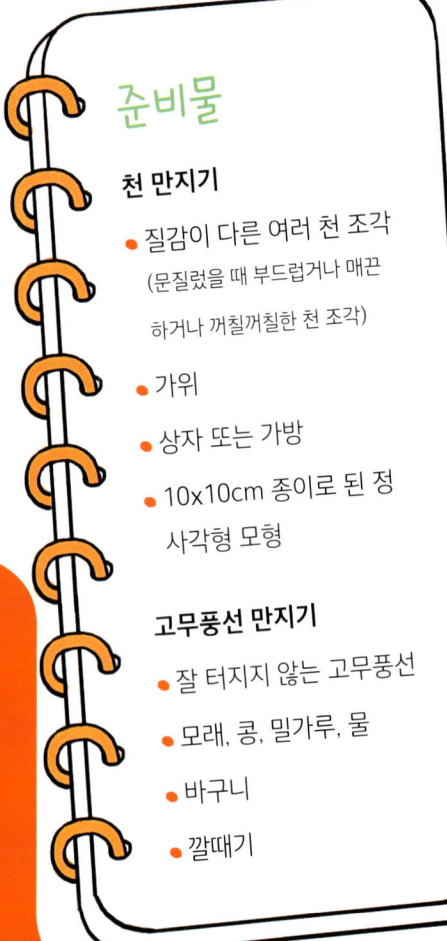

준비물

천 만지기

- 질감이 다른 여러 천 조각
  (문질렀을 때 부드럽거나 매끈하거나 꺼칠꺼칠한 천 조각)
- 가위
- 상자 또는 가방
- 10x10cm 종이로 된 정사각형 모형

고무풍선 만지기

- 잘 터지지 않는 고무풍선
- 모래, 콩, 밀가루, 물
- 바구니
- 깔때기

천 만지기

- 천에 종이 모형을 대고 네 변이 10cm인 정사각형을 2개씩 오려 내자.

- 오려 낸 모든 천 조각을 가방이나 바구니에 넣고 아이에게 보여 주자. 놀이의 목적은 천 조각의 짝을 찾는 것이다. 아이의 눈을 가리고 놀이를 진행할 수 있다.

고무풍선 만지기

- 풍선 2개씩 짝을 이룬 뒤 깔때기를 사용하여 풍선 안에 모래, 콩, 밀가루, 물 등 준비한 여러 가지 재료를 넣자.

- 풍선을 매듭지어 잘 묶자.

- 풍선을 전부 바구니에 넣고 아이의 손이 닿는 곳에 두어 아이가 자유롭게 갖고 놀 수 있도록 하자. 놀이의 목표는 풍선을 만져 보고 같은 내용물이 들어 있는 풍선의 짝을 찾는 것이다.

놀이 Tip

아이에게 촉각의 세계로 안내해 줄 흥미로운 책들을 읽어 주자.

감각의 길

우리는 이따금 하루에 10시간이 넘도록 신발을 신고 지내며 발을 혹사시키곤 한다. 아주 어렸을 때부터 발을 잘 관리하는 법을 가르치자. 다음은 아이의 발바닥에 자극을 주는 놀이다.

준비물

- 여러 가지 천(황마, 방수천, 인조 잔디, 인조 모피, 가죽, 폴리에스터, 모직펠트, 커다란 단추들이 달린 천, 스펀지 등)
- 가위
- 바늘과 실 또는 접착제
- 침대 시트
- 솜

놀이 방법

- 준비한 여러 종류의 천을 40x70cm의 직사각형 형태로 오리자.

- 바느질을 조금 할 줄 안다면 직접 하고, 모른다면 누군가의 도움을 받아 폭 70cm와 원하는 길이만큼 자른 천으로 길을 만들어 보자. 아니면 평범한 침대 시트 안에 천을 파는 가게에서 두루마리 형태로 산 솜을 채워서 길을 만들 수도 있다.

- 예를 들어 4m의 길을 만들기 위해서는 종류가 다른 천 10개가 필요하다. 만드는 방법은 두 가지가 있다.

- 여러 천 조각들을 바느질하거나 이어 붙이기
- 직사각형으로 된 천 조각들을 결합하기

● 아이에게 눈을 뜨고 맨발로 그 길 위를 걸어 보게 하자. 또는 아이에게 눈을 감게 하고 아이의 손을 잡아 주면서 걷게 하자.

● 놀이가 끝나면 길을 돌돌 말아서 천으로 된 띠로 묶거나 테이프로 잘 고정하자.

놀이 Tip

같은 취지로 작은 천 조각을 사용해 만질 수 있는 그림을 만들어 보자. 코르크로 된 판에 패치워크(여러 가지 색깔, 무늬, 소재, 크기, 모양이 다른 천 조각을 이어 붙이는 것) 방식으로 천 조각을 붙이자. 완성된 판을 걸어 두어 아이들이 손으로 직접 만질 수 있도록 하자.

발 마사지 놀이

발바닥 마사지와 발바닥 반사는 신체의 중요한 기관인 위, 심장, 간, 장과 연결된 발바닥의 신경 부위를 발달시키고 발바닥의 긴장을 풀어 주어 매우 편안하게 해 준다. 마사지사이자 물리치료사이면서 접골의사인 델핀 올리에 샬뱅 Delphine Ollier-Chalvin 이 몇 가지 마사지법을 알려 주고 아이들의 작은 발을 위한 조언을 들려준다.

마사지 1

- 양 손바닥을 아이의 발바닥에 댄다.

- 한 손으로 아이의 종아리를 받치고 다른 손은 발을 받치자. 발목을 안쪽, 바깥쪽으로 방향을 바꿔 가며 천천히 돌린다. 5번 반복한다.

- 엄지와 집게손가락으로 발뒤꿈치를 잡고 발을 천천히 당기면서 가볍게 늘려 준다(두 손가락을 집게 모양으로 해서 발을 잡는다).

- 발 안쪽으로 원을 그리면서 마사지를 끝낸다.

- 다른 쪽 발도 같은 방법으로 계속한다.

알아 두기

발바닥의 움푹 들어간 곳은 혈액을 심장으로 끌어올리는 펌프 역할을 한다. 또한 발에는 신경 말단으로 구성된 수천 개의 센서가 있어서 뇌에 정보를 전달한다. 발에는 걷기와 평형 감각, 그리고 관련된 정보를 분석하는 깊은 감각이 있으며, 열과 촉각을 감지하는 표면적인 감각이 있다.

"맨발로 맨땅을 최대한 많이 걸어서 발의 신경이 집중된 곳(반사구)을 자극하자. 마사지는 긴장을 풀고 해야 더욱 효과적이고 마음이 편해진다. 먼저 오른쪽 발부터 하고 이어서 왼쪽 발을 하자. 마사지를 하기 전에 손을 따뜻하게 해 두면 마사지를 하는 손과 마사지 부위가 닿을때 기분이 좋아진다."

델핀 올리에 샤뱅

마사지 2

- 새끼발가락에서 시작해서 엄지발가락 쪽으로 발가락을 하나씩 잡고 마치 발가락을 늘리려는 것처럼 살짝 힘을 주어 잡아당긴다.

- 엄지손가락을 아이의 발가락 경계선 바로 아래 볼록 튀어나온 부분에 두자. 볼록한 부분에 엄지손가락을 약하게 꾹꾹 눌렀다가 손가락의 힘을 빼고 발을 지탱하자. 같은 동작을 3번 반복한다.

- 다른 쪽 발도 같은 순서로 마사지한다.

마사지 3

- 한 손으로 아이의 발 바깥 부분을 잡아 다리가 움직이지 않도록 고정한다. 다른 손은 엄지손가락으로 발목 아래 발뒤꿈치에서 엄지발가락까지, 발의 안쪽 가장자리를 쓸어내린다. 발뒤꿈치에서 엄지발가락까지 이어지는 부위는 몸의 척추를 나타내며, 발뒤꿈치는 골반 관절, 엄지발가락은 목에 해당된다.

- 마사지를 3번 반복하고 다음에는 반대 방향으로 한다.

- 다른 쪽 발도 같은 방법으로 한다.

> "아기에게 마사지를 해 주는 부모에게 벨레다Weleda 천연 오일을 추천해요."
>
> 알렉산드라Alexandra,
> 간호사이자 마사지 체험교실 진행자

신비한 각티슈 통

재활용품을 활용해서 아이들과 쉽게 할 수 있는 촉각 놀이가 있다.

교구 준비

- 만져 볼 여러 가지 물건을 비어 있는 각티슈 통에 각각 넣는다. 특히 겨울에는 아이의 유치원 선생님이나 유아 돌봄센터에 요청하면 각티슈 통을 얻을 수 있을 것이다.

- 아이에게 상자에 손을 집어넣고 부드럽다, 간지럽다, 따끔하다, 차갑다 등 만져 본 느낌을 표현하게 하자.

놀이 Tip

만져 보고 느낌을 표현하는 것에서 더 나아가 아이에게 반대되는 촉감을 찾아 분류하도록 해 보자(꺼칠꺼칠한/매끈매끈한, 마른/축축한, 부드러운/뾰족한, 물렁물렁한/딱딱한, 뜨거운/차가운 등).

준비물

- 빈 각티슈 통 여러 개
- 손으로 만질 물건이나 재료(스펀지, 면, 쇠수세미, 라탄, 감아 놓은 털실 뭉치, 모래, 작은 조약돌 등)

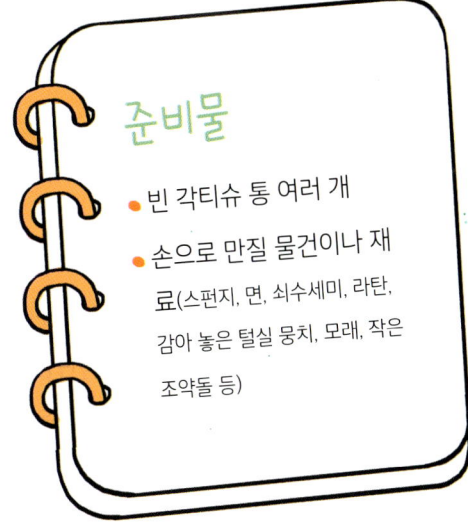

보물 상자 놀이

이상하고 재미있는 이 놀이는 물건을 찾는 데 매우 유용하다. 아이들은 본래 잃어버린 보물을 찾기 위해 땅과 모래를 파는 걸 좋아한다. 이 놀이를 통해 촉각을 자극하자.

놀이 방법

- 통의 4분의 3에 콘플레이크나 밀가루를 채우고 그 속에 여러 가지 물건을 숨겨 놓자.

- 아이가 통에 손을 집어넣어 물건을 하나씩 찾도록 하자. 아이는 그 물건들의 이름을 말할 수 있다.

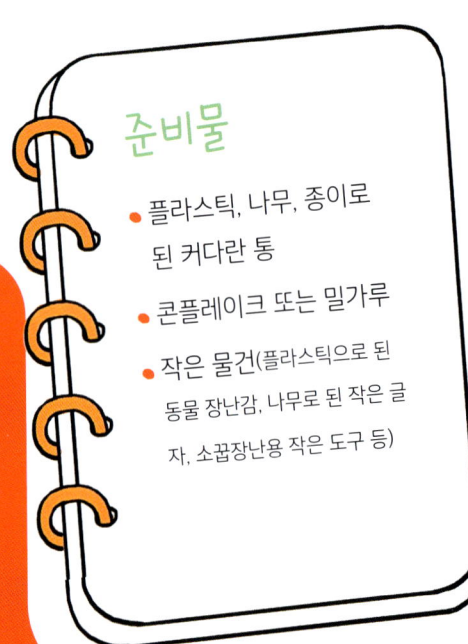

준비물

- 플라스틱, 나무, 종이로 된 커다란 통
- 콘플레이크 또는 밀가루
- 작은 물건(플라스틱으로 된 동물 장난감, 나무로 된 작은 글자, 소꿉장난용 작은 도구 등)

"나는 길에서 호두 한 알을 주웠어요. 밀가루가 가득 담긴 통에 호두를 숨기고 찾아낸 다음 다시 숨겼어요."

마테오 Mattéo, 만 5세

놀이 Tip

같은 원리로, 모래통에 찾아야 하는 물건을 숨기고 그 위에 체로 친 부드러운 모래를 덮는다. 여러 가지 크기가 다른 조개껍데기를 사용하기도 한다.

우툴두툴한 모래종이 글자

몬테소리 교육에서는 감각을 사용해 글자를 익힌다. 아이들은 모래종이로 만든 글자를 만져 보고 곡선, 직선, 점, 면 등을 이해한다.

준비물

- 글자 견본(글자 사이트에서 다운로드하는 방법도 있다)
- 2개 색상의 종이
- 19x21cm 종이나 합판 또는 하드보드지로 된 40개의 판(목공 가게에서 미리 잘라 온다)
- 중간 크기의 입자로 구성된 모래 색깔의 모래종이 표지판(120g)
- 강력 접착제
- 코팅기

교구 준비

- 19x21cm의 색깔 있는 직사각형을 오리자. 한글의 경우, 자음 19개를 같은 색으로, 모음 21개도 같은 색으로 오린 후 모두 코팅하자.

- 모래종이에 글자를 그리자. 주의할 점은 만약 종이로 된 면에 글자를 그린다면 글자를 거꾸로 그려야 한다는 것이다.

- 글자를 오려서 직사각형 중앙에 붙이자.

놀이 Tip

모래종이 글자를 직접 만들고 싶지 않으면 시중에 판매되는 적당한 가격에 품질이 좋은 한글 모래 글자 판 세트를 구매하면 된다.

놀이 방법

- 아이가 준비되고 글자를 설명해 달라고 요청할 때까지 기다리자.

- 지각과 명칭을 결합하는 1단계, 명칭에 대응하는 사물을 재인식하는 2단계, 사물에 대응하는 명칭을 기억하는 3단계를 거치는 '3단계 교수법'을 사용해서 놀이를 진행하자.

임의로 낱자 3개 ㄱ,ㅅ,ㅇ을 고르자.

❶ 먼저 글자를 한 손으로 더듬고 아이도 이어서 글자를 손으로 더듬은 뒤 발음하자. ㄱ[그], ㅅ[스], ㅇ[으] 소리를 내고 글자의 이름은 '기역', '시옷', '이응'이라고 말해 주자.

❷ 아이에게 ㅇ 소리가 나는 글자를 보여 달라고 하고 다음에는 ㄱ, ㅅ 소리가 나는 글자를 차례로 보여 달라고 하자.

❸ 아이에게 세 글자 중 한 개를 보여 주면서 물어본다. "이건 뭘까?"

활용법

- 같은 방법으로 우툴두툴한 모래종이 숫자를 사용할 수 있다.

- 모래종이에서 몇 개를 빼고 우툴두툴한 판을 만들 수 있다. 우툴두툴한 모래종이를 한 면에 부착한 9x6cm 크기의 두꺼운 종이 조각으로 작은 판 5쌍을 만들자. 아이는 짝을 다시 맞춰야 한다.

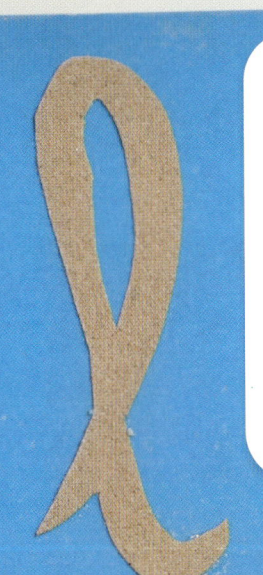

알아 두기

마리아 몬테소리는 우툴두툴한 모래종이 글자를 통해 세 가지 학습 능력을 얻고자 했다.

- **시각 및 글자의 발음과 결합한 소근육 촉각**: 촉각은 아이가 자신의 손으로 글자의 윤곽을 더듬는 행위를 흡수하여 근육에 새기는 것을 돕는다.
- **지각**: 아이는 글자에 해당하는 발음을 들으면서 글자를 비교하고 식별할 수 있다.
- **언어**: 아이는 글자에 해당하는 소리를 발음할 줄 알아야 한다. 아이들은 자신의 귀를 훈련한다. 이는 우리가 음운론이라고 말하는 것이다.

반죽 놀이

아틀리에에서 다양한 질감을 알아보고 만져 보면서 다양한 질감 놀이를 할 수 있다. 지점토, 밀가루, 콩, 쌀가루의 질감 느끼기, 손에 묻지 않는 물감을 사용한 손과 발로 그림 그리기를 통해 촉각을 느껴 보자.

코코넛으로 만든 식용 지점토

- 말린 재료를 전부 섞고 물과 기름을 넣은 후 손가락으로 잘 반죽하자.

- 이 준비 과정은 보통 지점토 반죽과 비슷하다. 하지만 반죽은 반드시 냉장 보관해야 하며 보관 기간이 짧다. 식용 색소를 사용해 반죽에 색을 입히는 것이 가능하다.

준비물

- 밀가루 1컵
- 옥수수 전분 1컵
- 코코아 가루 4분의 3컵
- 소금 2분의 1컵
- 미지근한 물 1컵
- 식물성 기름 3티스푼

"오톨도톨한 이 반죽의 질감이 좋아요. 아주 좋은 냄새가 나서 특히 더 마음에 들어요."

오렐리 Aurélie, 발음교정사

식품의 질감

- 통에 밀가루를 가득 채우자. 아이들은 밀가루가 담긴 통에서 원하는 만큼 만지고 파헤치고 채우고 비울 수 있다. 여름에는 밀가루 대신에 물을 사용한다. 그리고 수영복으로 갈아입고 같은 놀이를 할 수 있다.

- 통째로 옮겨 붓기 놀이를 아이에게 권해 보자. 이 놀이에는 커다란 유리 샐러드 그릇 2개, 쟁반 1개, 국자 1개가 필요하며 아이는 첫 번째 샐러드 그릇에서 두 번째 샐러드 그릇으로 내용물을 옮겨 붓는 놀이를 할 수 있다.

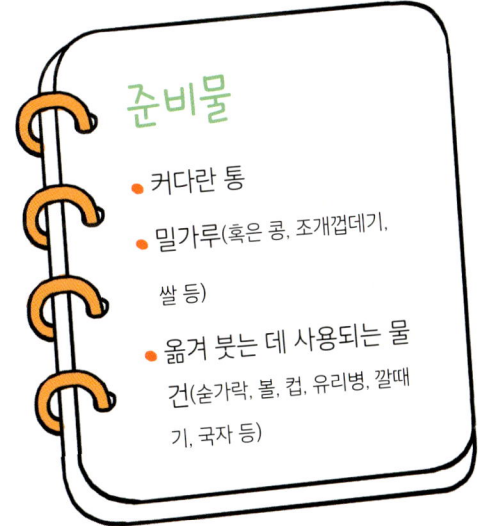

준비물

- 커다란 통
- 밀가루(혹은 콩, 조개껍데기, 쌀 등)
- 옮겨 붓는 데 사용되는 물건(숟가락, 볼, 컵, 유리병, 깔때기, 국자 등)

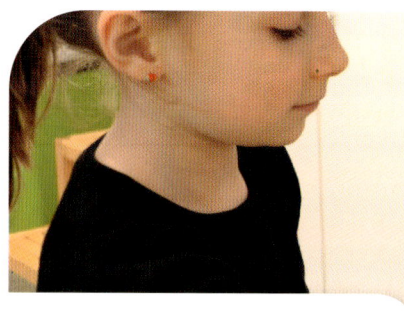

놀이 Tip

아이가 물감에 익숙해지면 손에 묻더라도 종이에 짠 물감을 직접 손으로 문지르게 하자.

손에 묻지 않는 물감

- 이상한 갈색을 만들지 않으려면 원색 2개를 사용할 것을 권장한다.

- 이 놀이에는 두 가지 방법이 있다.

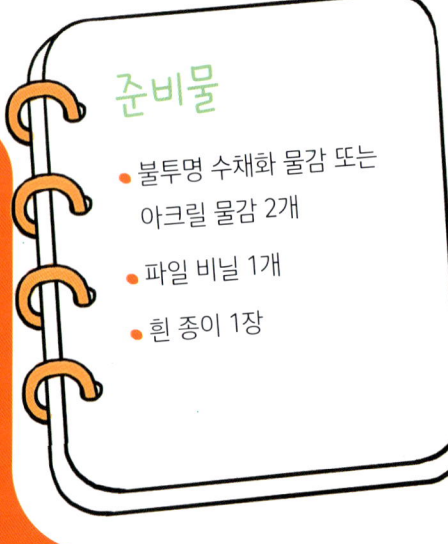

준비물
- 불투명 수채화 물감 또는 아크릴 물감 2개
- 파일 비닐 1개
- 흰 종이 1장

❶ 파일 비닐에 물감을 직접 짜 넣고 입구를 닫은 뒤 테이프로 잘 밀봉하자. 물감이 든 파일 비닐을 창문에 달고 아이에게 손가락으로 물감을 문지르게 하여 파일 비닐 안에서 물감이 퍼지게 하자. 창문을 통해 들어오는 빛이 파일 비닐을 투과하면 빛이 비치는 각도에 따라 그림이 다르게 보이는 흥미로운 시각적 효과를 경험하게 된다.

❷ 종이에 물감을 짜서 파일 비닐에 넣은 뒤 파일 비닐을 잘 닫자. 바닥에 파일 비닐을 놓고 아이가 손가락과 발가락을 사용해서 물감을 문지르게 하자.

숨기고 찾기

이 놀이는 아이의 소근육 운동 능력을 발달시킨다. 아이는 눈으로 보지 않고 촉각에 집중하여 모든 용기의 뚜껑을 찾아서 입구를 닫아야 한다.

식품의 질감

- 여러 가지 용기와 용기 뚜껑을 늘어놓고 큰 천으로 덮는다.
- 아이는 각 용기의 뚜껑을 찾아서 용기 입구를 닫아야 한다.
- 처음에는 용기 3개로 시작하여 아이가 하는 것을 보면서 그 수를 늘려 가자.

놀이 Tip

용기 대신에 레고나 듀플로(레고보다 조각의 크기가 커서 삼킬 위험이 적고 조립 방법이 쉬워서 영아부터 즐길 수 있는 블록)처럼 끼우는 블록 형태를 사용해도 된다. 천 밖에서 아이는 여러 레고 블록으로 만들어진 형상을 관찰하고 천 아래 뒤섞인 레고에서 같은 형상을 찾아야 한다. 아이는 천 밖에 있는 형상을 바라보면서 찾을 수 있다. 아이가 다 찾아내면 2개의 형상을 비교하자.

준비물

- 침대 시트의 작은 조각 또는 부드러운 천
- 적당한 크기의 여러 용기와 뚜껑(잼 용기, 머스터드 용기 등)

후각

후각을 담당하는 기관은 코다. 숨을 쉴 때 공기가 후각 세포에 도달하여 후각 신경에 전달되며 뇌에 신호를 보낸다. 후각은 공기 중에 떠도는 냄새를 통해 우리가 주변을 분석할 수 있게 한다. 동물에게 가장 중요한 감각인 데 반해 인간은 가장 덜 사용하는 감각이다. 다양한 놀이 활동을 통해 아이들의 후각을 발달시키자.

"후각은 상상력의 감각이다."

장 자크 루소 Jean-Jacques Rousseau

향기 놀이

이 놀이를 통해 후각이 발달하고, 아는 향과 모르는 향을 구별하고, 장소와 사람들을 떠올리게 하는 친숙한 향을 식별하게 된다.

준비물

- 크기가 동일한 불투명한 용기 8개(요거트 통 등)
- 작은 오간자 주머니
- 작은 고무줄
- 코코아 가루, 커피 가루, 계핏가루, 라벤더 씨, 허브, 박하, 대팻밥(대패로 밀어서 나온 얇은 나뭇조각), 코코넛, 바닐라 빈 깍지(바닐라는 여러 형태로 판매되는데, 바닐라 빈 깍지는 가공하지 않은 신선한 바닐라 빈 깍지 통째를 의미한다) 등

교구 준비

- 오간자(실크나 면 따위로 만든 얇고 빳빳한 투명한 옷감) 주머니에 가루나 잎을 넣고 고무줄로 주머니를 잘 닫자.

- 주머니를 각 용기에 하나씩 넣자. 아이는 내용물을 알지 못하며 꺼내지 않고 냄새를 맡는다.

"음! 모로코에 계시는 할머니 냄새가 나요!"

아스마Asma, 만 4세
(계피향 느낌 말하기)

놀이 방법

- 조심스럽게 첫 번째 용기를 열어 보자.

- 먼저 향을 맡은 후 아이에게 내용물을 알려 주지 않고 통을 내밀자. 아이가 바로 무슨 향인지 알아낼 수도 있다. 만약 그렇지 못할 경우, 다음과 같은 힌트를 통해 아이가 알아내게 할 수 있다. "우리가 아는 식물이란다." "네가 잘 먹는 거야." "네가 아침마다 마시는 거란다."

- 다른 용기들도 같은 방법으로 계속 진행한다.

- 이어서 아이는 자신이 가져온 용기로 다른 친구들이 향을 알아내게 해 본다.

놀이 Tip

2개씩 짝을 이룬 용기에 아크릴 물감으로 똑같은 그림을 그려서 아이가 짝을 한눈에 알아볼 수 있게 한다. 향을 살짝 가공시킨 향유는 되도록 사용하지 않는다. 향은 금방 사라지므로 용기의 내용물을 정기적으로 바꿔 준다.

향기 빙고 게임

이 놀이는 여러 가지 향을 식별하는 놀이로 여러 명이 참여할 수 있다.

교구 준비

- 놀이를 위해 아이가 향을 맡을 재료의 개수를 정해야 한다. 놀이 참여자가 3명이라면 각 아이당 5개의 향이 필요하므로 향이 다른 재료 총 15개를 준비해야 한다.

- 선택한 재료를 보여 주는 사진을 인터넷에서 찾아 인쇄하자.

- 종이로 된 놀이판 3개를 만들고 각 놀이판에 사진을 5개씩 붙이자. 놀이판에 붙인 사진이 손상되지 않도록 놀이판을 코팅하자.

준비물

- 향을 맡을 여러 가지 재료
- 준비한 재료 사진
- 종이
- 접착제
- 코팅기 또는 비닐 봉투
- 수면용 안대 또는 스카프

놀이 방법

- 아이들은 놀이판을 나눠 갖고, 아이들이 원하는 경우에만 눈을 안대로 가린다.

- 향을 맡아 보게 하자. 예를 들어 "이건 오렌지!"라고 아이들이 향을 식별해 내면 아이들은 안대를 벗고 놀이판에 오렌지 사진이 붙어 있는 사람이 누구인지 찾아낸다. 그리고 다시 놀이를 시작한다. 이 놀이에는 승자도 패자도 없으며 서로 도와 가며 새로운 향을 알아낸다.

놀이 Tip

방향유(식물로부터 추출한 기름으로 휘발성이 있다)는 되도록 사용하지 않는다. 왜냐하면 어떤 방향유들은 아이들에게 위험하기 때문이다. 향을 맡게 할 재료는 오렌지, 레몬, 코코아, 커피, 주방 세제, 향수, 장미, 마늘, 양파, 허브(민트, 라벤더, 타임, 로즈메리, 버베나, 바질 등)처럼 기분 좋은 향이나 불쾌한 향을 가진 재료가 적합하다.

정원에서는 무슨 향이 날까요?

채소밭에서 진행하는 이 야외 활동 놀이를 통해 음식의 맛을 돋우고 여름에 음식을 장식하는 데 쓰이는 허브 향을 구분한다.

준비물

- 토기 또는 작은 화분
- 흙, 부식토, 작은 자갈
- 물뿌리개, 원예 도구
- 허브(바질, 산파, 레몬그라스, 라벤더, 민트, 로즈메리, 버베나, 파슬리, 회향, 월계수 등)
- 허브의 사진과 이름이 있는 작은 카드
- 꼬챙이 또는 젓가락
- 접착테이프
- 코팅기 또는 플라스틱 주머니

1단계: 허브를 심는다

- 아이와 함께 화분을 준비하자. 먼저 시범을 보이고 아이가 따라 할 수 있도록 한다. 화분의 가장 아래층에 자갈을 깔고 그 위에 흙과 부식토(식물의 잎이나 가지, 동물의 유해 등이 잘 분해되어 형성된 토양으로 검은색을 띤다)를 섞어서 화분을 채우자. 그리고 여러 종류의 허브를 심는다.

- 아이는 허브를 손으로 만져 보고, 손가락으로 허브 잎을 문질러서 나오는 향을 맡아 보면서 각 허브 잎의 형태를 관찰할 수 있다.

- 아이에게 허브의 이름을 알려 주자.

2단계: 정원에 있는 허브를 구분한다

- 다른 날, 아이가 기억하고 있는지 확인하기 위해 아무렇게나 꽂힌 이름표를 올바른 화분에 제대로 꽂으라고 말하자.

- 이름표를 만들 때는 원예 카탈로그나 인터넷에서 찾은 허브 사진을 사용하자. 악천후에서 이름표를 보호하기 위해 코팅을 하고 이름표 뒷면에 꼬치 막대를 고정하여 화분에 꽂아 두자.

액체 향 맡기

이 놀이는 시각(색상, 액체의 모습), 후각(액체의 향), 미각(단맛, 짠맛, 쓴맛) 같은 여러 감각을 결합할 수 있다. 또한 우리 기억 속에 묻혀 있던 추억과 감정을 불러일으키는 놀이다.

준비물

- 쟁반
- 투명한 작은 컵이나 작은 유리컵
- 여러 가지 액체, 예를 들어 올리브유, 식초, 시럽(민트, 딸기 등), 과일 주스(오렌지, 키위 등), 야채수프, 토마토수프, 커피, 우유(흰 우유, 아몬드 밀크, 코코넛우유 등), 물(탄산수, 생수), 차 또는 버베나 차 등

놀이 방법

- 준비한 쟁반에 작은 유리컵을 놓고 여러 가지 액체를 유리컵에 절반 정도 따르자. 아이의 나이와 흥미를 고려하여 보통 종류가 다른 액체 5개를 권장한다.

- 아이에게 유리컵 하나를 보여 주면서 함께 색깔과 모습을 관찰한다. 그러고 나서 충분한 시간 동안 향을 맡고 액체의 이름을 알아내기 위해 마지막으로 맛을 보자.

- 다른 유리컵도 같은 방법으로 계속 진행하자. "내가 좋아하는 거야", "내가 싫어하는 거야", "내가 모르는 거야", "~가 생각나"와 같이 이 과정에서 대화를 주고받을 수 있다.

"이건 할머니가 식사 후에 소화 잘 되라고
주시던 사탕이랑 향이 같아요."

마티Matis, 만 8세(민트 시럽을 맛본 후 느낀 점 말하기)

미각

미각을 담당하는 주요 기관은 혀다. 혀에는 미뢰(미각을 맡은 꽃봉오리 모양의 기관으로 혀의 윗면에 분포해 있다)가 있어 단맛, 쓴맛, 신맛, 짠맛을 구분한다. 미각은 입에 들어가는 음식의 맛을 분석하는 감각이다. 어떤 향미는 맛이 좋지만, 어떤 향미는 사람에 따라 불쾌하게 느껴진다. 미각을 예민하게 키우려면 단맛, 매운맛, 놀라운 맛 등 새로운 맛을 알아가야 한다. 아이들이 다양한 맛을 경험하게 해 주자.

"미각은 사람마다 제각각이다.
하지만 경험에 의해 발달하는 감각이다."

아드리엔느 마이에 Adrienne Maillet

스타 셰프의 조리법

아이들에게 좋은 맛을 느끼게 하는 일은 매우 중요하다. 우선 우리가 먹는 요리로 시작할 수 있다. 미각이라는 주제를 위해 나는 스타 셰프 세바스티앙 보네에게 아이들의 눈을 즐겁게 하고 아이들의 미각 세포를 자극하는 특별하고 완전한 식단을 요청했다.

전식: 설탕과 소금으로 밑간을 한 새우, 연어, 과일 꼬치구이

준비물

2인분 재료
- 아보카도 1개
- 망고 1개
- 생연어 및 훈제 연어
- 새우 5~6개
- 사과 1개
- 참깨
- 꼬치용 집게

- 원하는 형태대로 과일을 자르자(네모, 얇은 조각, 삼각형 등).

- 연어도 과일과 같은 방법으로 손질하자.

- 연어와 새우에 참깨를 뿌리자.

- 준비한 여러 조각을 모아서 꼬치로 만들고 접시에 나열하자.

본식: 홈메이드 감자튀김과 대구튀김

- 감자 껍질을 벗기고 직사각형 형태로 썰자.

- 대구 덩어리에 옥수숫가루를 살짝 묻히고 소금으로 간을 한 달걀 노른자에 담근 뒤 얇게 썬 아몬드, 피스타치오, 빵가루를 입히자.

- 감자와 대구 덩어리를 튀긴다.

- 타르타르소스를 곁들이자.

- 작은 샐러드와 함께 접시에 담아 내자.

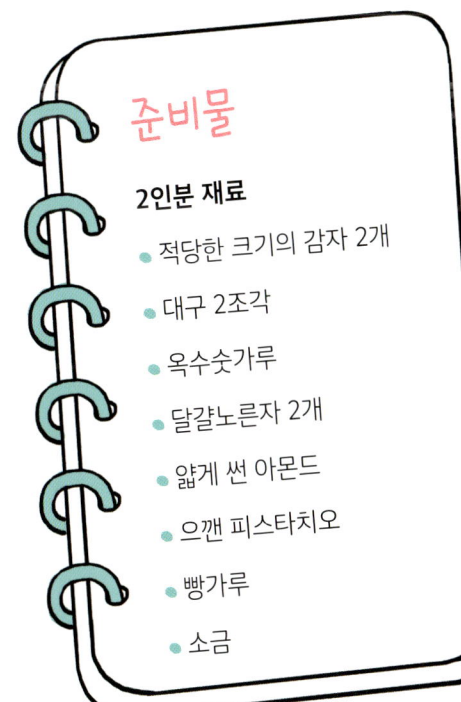

준비물

2인분 재료

- 적당한 크기의 감자 2개
- 대구 2조각
- 옥수숫가루
- 달걀노른자 2개
- 얇게 썬 아몬드
- 으깬 피스타치오
- 빵가루
- 소금

후식: 아이들의 정원

- 오븐을 180°C로 예열하자.
- 달걀의 무게를 재고 설탕, 버터, 밀가루를 모두 달걀과 같은 양으로 넣자.

준비물

카르트 카르 재료(4인 기준)

- 달걀 3개
- 설탕
- 버터
- 밀가루
- 손가락으로 2번 집을 만한 소금

설탕 반죽 재료

- 꿀 1스푼
- 달걀흰자 2분의 1
- 식용 색소
- 슈거 파우더 300g
- 믹서기

- 달걀흰자를 분리한 뒤 달걀흰자에 소금을 넣고 거품을 내자.
- 볼에 설탕을 넣은 달걀노른자, 녹은 버터, 밀가루를 넣고 잘 섞는다. 그다음 여기에 달걀흰자를 넣는다.
- 틀에 반죽한 재료를 넣은 뒤 약 20분 동안 오븐에서 굽는다.
- 틀에서 빼낸 후 접시 위에 놓자.
- 그러고 나서 설탕 반죽을 만들자. 꿀과 달걀흰자를 잘 섞자. 색을 입히기 위해 식용 색소를 첨가한다.
- 슈거 파우더를 넣고 믹서기로 섞어서 잘 반죽한다.
- 설탕 반죽으로 카트르 카르(프랑스식 파운드케이크)를 장식하자.

나의 취향 찾기

이 놀이를 통해 우리가 아는 음식, 우리가 좋아하고 싫어하는 음식의 맛을 구별한다.

놀이 방법

- 놀이를 준비하기 위해 광고 전단지를 모아서 아이에게 여러 가지 음식 사진을 많이 오리게 하자.

- 아이의 수만큼 종이를 준비해서 3열로 된 도표를 만들고 좋아하는 것, 싫어하는 것, 모르는 것으로 항목을 구분하자.

- 아이들은 무작위로 사진을 고르고 세 가지 분류 중 한 곳에 붙인다. 아이들이 사는 지역, 문화, 나이 등에 따라 취향이 모두 다르다는 걸 알 수 있다.

준비물

- 다양한 음식 사진(과일, 채소, 가공식품, 생선, 고기, 달걀, 시리얼, 빵 등)
- 가위
- 커다란 종이
- 수성 사인펜
- 접착용 풀

"방울양배추는 처음 봐요. 초록색인데 맛이 없어요. 난 할머니가 해 주신 양배추가 좋아요."

마르소 Marceau, 만 4세

미각을 분류하는 병

이 교구를 통해 아이의 미각을 예민하게 키우고 단맛, 쓴맛, 신맛, 짠맛을 구분한다.

준비물

- 쟁반
- 작은 용기 또는 작은 병 8개를 준비하여 2개씩 짝을 맞춰 놓는다.
- 단맛이 나는 액체 1쌍(설탕물),
- 신맛이 나는 액체 1쌍(식초 넣은 물 또는 레몬즙을 몇 방울 떨어뜨린 물),
- 쓴맛이 나는 액체 1쌍(오렌지 껍질을 삶은 물 또는 자몽씨 추출 방향유)
- 짠맛이 나는 액체 1쌍(소금물)
- 포스트잇 4장씩 2세트
- 스포이드 8개(용기당 1개)
- 물 1병
- 컵

교구 준비

- 작은 병들을 준비하여 2개씩 짝을 이루자. 단맛 2개, 짠맛 2개, 신맛 2개, 쓴맛 2개를 짝을 이루어 준비한다.

- 각 병에 포스트잇을 부착해서 두 가지로 분류하자. 파란색 포스트잇과 빨간색 포스트잇을 표시물로 삼아 분류하자. 이 놀이의 목표는 맛보기를 통해 짝을 다시 찾는 것이다.

- 물 1병과 컵을 준비해 '맛보기'가 끝날 때마다 한 모금 마시면서 입 안을 헹군다.

놀이 방법

- 맛이 다른 병 중에서 하나를 고르자. 스포이드를 사용해서 손등에 한 방울을 떨어뜨리고 맛을 본 뒤, 아이의 손에도 한 방울을 떨어뜨리자. 맛보기 이후에는 물을 한 모금 마신다.

- 다른 병 3개도 이 방법으로 계속 진행하자.

- 분류된 두 번째 병들의 맛을 보고 같은 맛을 내는 병끼리 짝을 찾자.

놀이 Tip

아이와 혀, 입, 입술, 목에서 어떤 맛이 나는지 함께 생각할 수 있다. "따끔거려요", "달콤해요", "맛이 좋아요" 등으로 말해 본다.

미각 경험하기

아이들이 맛, 감각, 여러 가지 질감들을 알아내도록 작은 시식용 쟁반을 사용하기를 권장한다.

준비물

- 쟁반
- 작은 천
- 유리 접시 5개
- 여러 가지 음식 조각 5개 (감귤류, 초콜릿, 말린 과일, 천연 시리얼, 식빵, 여러 종류의 치즈, 아보카도, 바나나, 사과, 토마토 등)
- 작은 디저트용 포크 몇 개
- 안대 1개

놀이 방법

- 쟁반의 작은 유리 접시에 음식 다섯 가지를 골라서 나열하자.

- 궁금증을 유발하기 위해 유리 접시를 작은 천으로 덮어 두거나 아이의 눈을 안대로 가린다.

- 처음에는 항상 아이가 알고 있고 좋아하는 음식부터 시작하자.

- 아이에게 결코 시식을 강요하지 말자. 이 놀이는 즐기면서 해야 한다. 아이가 느끼는 맛을 표현할 수 있도록 잘 이끌자. "맛있어요", "달콤해요", "바삭거려요", "매워요", "입에서 녹아요", "이건 딱딱해요" 식으로 말이다. 그리고 아이가 아는 음식인지, 집에서 먹은 음식인지, 언제 먹었는지를 얘기하도록 이끌어 내자. 언어와 이야기 나누기 연습에도 매우 좋은 놀이다.

활용법

- 이번에는 바나나처럼 한 가지 과일을 골라서 다양한 방법으로 맛을 보게 하자. 이때 눈을 가리거나 코를 막거나 음식을 만지지 않는 등 오감 중 감각 하나는 사용하지 않는다.

- 같은 음식이라도 익은 정도를 다르게 하여 다양한 질감을 느끼며 맛보는 경험을 할 수도 있다. 특히 딸기 같은 경우 이렇게 질문할 수 있다. "어떤 맛이 나니? 단맛? 신맛?" "물렁물렁하니, 딱딱하니?" "맛있니, 맛없니?"

청각

우리는 귀를 통해서 소리를 듣는다. 움직이는 물체가 공기 중에 만들어 내는 진동으로 인해 발생하는 소리는 귀로 들어와 청신경에 의해 뇌에 전달된다. 청각은 소리를 들을 수 있는 감각이다. 아주 이른 시기인 태아도 사람의 목소리를 감별할 수 있으며 엄마의 몸에서 나는 소리를 모두 인지할 수 있다. 태아는 음악처럼 외부에서 들리는 소리도 인지할 수 있다. 쉿! 이제 청각 발달을 위한 몇 가지 놀이를 해 보자.

"남의 말을 잘 경청하는 사람이 자신이 말하고자 하는 내용도 잘 전달한다."

몰리에르 Molière

침묵 놀이

아이는 침묵을 통해 어떤 내적 경험을 하게 된다. 집중과 휴식, 더 나아가 명상을 도와주는 침묵을 좋아하게 된다.

놀이 방법

- 이 놀이에는 어떤 특별한 교구가 필요하지 않다. 아이들은 바닥에 그어진 흰 선 주위에 동그랗게 앉아 있거나 쿠션이 있는 편안한 장소에 앉아서 아무런 말도 하지 않는다.

- 침묵 교육은 아이들 모두 참여해야 한다. 어떤 아이들은 시간이 더 필요하거나 적절한 순간에 놀이를 다시 시작해야 해서 아주 어려운 연습이기도 하다.

- 아이들에게 "우리 이제 말하지 않고 있어 볼까요?"라고 제안하자. 침묵은 아이들에게 자신의 신체와 움직임, 말, 에너지를 다스리도록 한다.

- 이제 아이들에게 놀이를 설명하고 다양한 놀이를 함께 해 보자.

- 최대한 조용하게 발뒤꿈치를 들고 아무 말도 하지 않은 채로 교구를 정리하러 이동하자.
- 친구의 귀에 대고 속삭이면서 다른 사람 몰래 어떤 것을 설명하자.
- 소리를 잘 듣고 무슨 소리인지 알아내자. 바람 소리, 파리 소리, 차 소리, 비행기 소리, 톱질 소리, 빗소리, 새소리, 개 짖는 소리, 배에서 꾸르륵 하는 소리, 숨 쉬는 소리 등.
- 문, 창문, 벽장, 서랍 등을 소리 내지 않고 열고 닫아 보자.

"기분이 정말 좋아요! 나는 내 곰 인형을 아무 말도 하지 않고 집어 들었어요."

루이Louis, 만 2세

야외 놀이

아이들이 청각을 사용하여 할 수 있는 다양한 놀이가 있다.

술래잡기

대상: 만 3~6세

- 아이들 모두 둥글게 원을 그리며 선다. 2명의 술래가 중앙으로 나온다. 지원자 중 1명은 눈에 안대를 한다. 주의할 점은 눈을 가리고 싶지 않은 아이에게는 절대 안대를 강요해서는 안 된다는 것이다. 많은 경우에 아이는 다른 아이들이나 당신이 눈에 보이기만 해도 두려움을 느끼지 않는다. 다른 지원자 1명은 팔목이나 발목에 작은 방울들이 달린 팔찌를 찬다.

- "어디 있어?", "응, 여기 있지"라고 말을 주고받고 술래는 친구의 목소리와 방울 소리를 듣고 친구를 잡아야 한다.

- 놀이는 누군가가 잡히거나 정해진 시간이 지나면 끝이 난다. 둥글게 선 아이들이 놀이 공간의 경계선 역할을 한다.

대상: 만 6세 이상

- 놀이 환경에 장애물이 없도록 놀이 참여자들과 함께 경계를 설정해야 한다. 그러고 나서 아이 한 명의 눈을 가린다. 다른 아이들은 소리를 내서 자신들이 있는 곳을 알려 줘야 한다. 아이들은 술래가 된 아이 주위를 돌아야 하며 너무 멀리 가서는 안 된다.

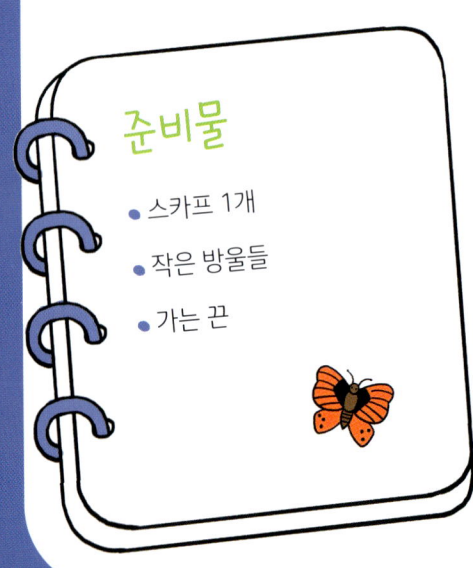

준비물
- 스카프 1개
- 작은 방울들
- 가는 끈

- 술래는 목소리를 듣고 다른 아이를 잡아야 한다. 술래의 손에 닿은 아이는 제자리에 멈추고, 술래는 손으로 친구의 얼굴을 만져서 누구인지 확인한다. 잡힌 아이가 술래가 되어 다시 시작한다.

알아 두기

이 놀이의 이름은 중세 시대 영주와 싸웠던 벨기에 위이^{Huy} 출신의 군사 장 콜랭 마야르$^{Jean Colin-Maillard}$에게서 유래했다. 이 군사는 전투 중에 양쪽 눈을 잃었지만, 주위에 있는 적들을 상대로 싸웠다.

앞을 보지 못하는 수호자

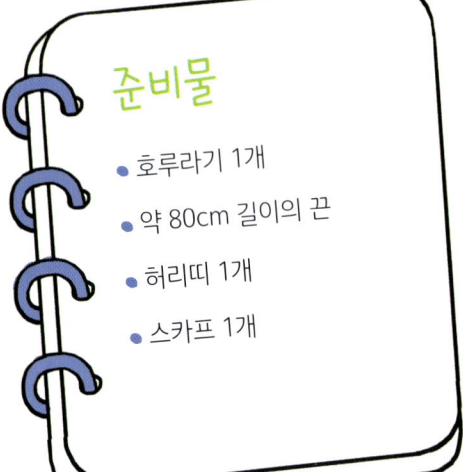

준비물

- 호루라기 1개
- 약 80cm 길이의 끈
- 허리띠 1개
- 스카프 1개

- 놀이에 참여하는 지원자가 눈을 가리고 수호자가 된다. 수호자는 허리띠에 호루라기가 달린 작은 실을 매달아 뒤쪽에 늘어뜨린다.

- 다른 참여자들은 살금살금 수호자 뒤로 다가가 수호자를 건드리지 않고 호루라기를 불어야 한다. 만일 수호자의 몸에 닿으면 1점을 잃고, 몸에 닿지 않고 호루라기를 불면 점수를 획득한다. 4점을 먼저 얻는 사람이 우승자가 된다.

알아 두기

브리지트 벨락^{Brigitte Bellac}의 책 《야외에서 하는 놀이》에서 야외에서 할 수 있는 놀이에 대한 수많은 아이디어를 얻을 수 있다.

악기 만들기

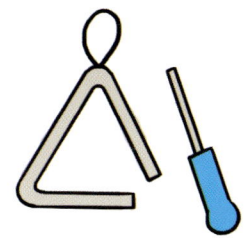

음악 학습은 청각을 민감하게 하는 아주 놓은 방법이다. 이렇게 발달된 청각은 아이에게 예쁜 소리, 악기, 다양한 음악 스타일에 대한 취향을 키워 줄 것이다. 아이들과 함께 주위에서 찾은 재료들로 다양한 음색을 지닌 재미있는 악기를 만들어 보자.

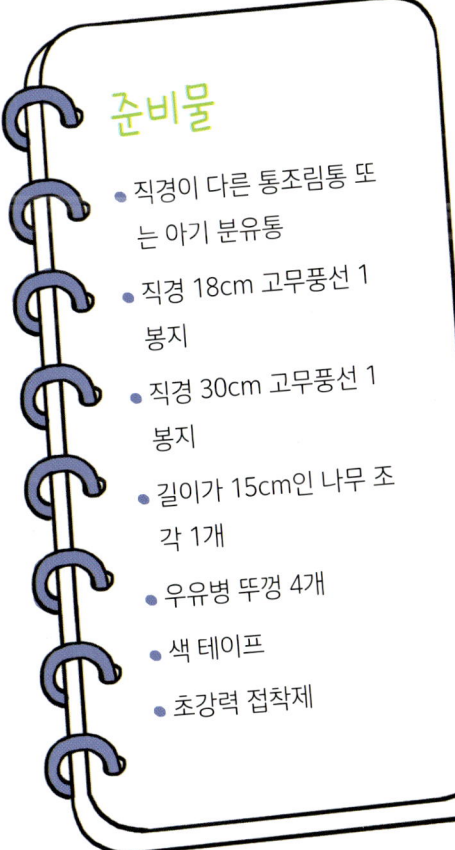

준비물

- 직경이 다른 통조림통 또는 아기 분유통
- 직경 18cm 고무풍선 1 봉지
- 직경 30cm 고무풍선 1 봉지
- 길이가 15cm인 나무 조각 1개
- 우유병 뚜껑 4개
- 색 테이프
- 초강력 접착제

북 만들기

- 고무풍선의 입구 끝을 자르고 팽팽하게 잡아당겨서 통조림통 입구에 씌우자. 접착테이프로 통 둘레를 잘 고정한다.

- 크기가 다른 북 여러 개를 만들고 장식하자.

- 북 막대를 만들기 위해 우유 뚜껑 2개를 대나무 조각의 양 끝에 붙이고 입구를 자른 풍선 1개를 그 위에 끼우자.

레인 스틱 만들기

레인 스틱은 원기둥 모양의 관 속에 작은 돌이나 곡식을 넣어 소리를 내는 타악기다. 남미에서 비를 염원하는 도구로 쓰였다.

- 재활용하는 종이 심지 둘레에 작은 못을 박아서 쌀이 종이 심지 안의 못 사이에서 움직이면서 소리가 나도록 하자. 그리고 롤의 한쪽 끝에 입구를 자른 풍선을 끼워서 막자. 접착테이프를 사용하여 잘 고정한다.

- 롤 안에 쌀을 한 줌 넣고 나머지 한쪽 끝도 두 번째 풍선으로 막자. 여기도 접착테이프로 다시 고정한다.

- 풍선의 양 끝을 잘라 풍선 띠로 만든 다음 종이 심지에 박힌 못이 보이지 않도록 그 둘레를 풍선 띠로 감싼다.

준비물

- 머리가 납작한 작은 못
- 작은 망치 1개
- 종이로 된 원형 심지 1개
  (알루미늄 종이 호일 또는 랩의 단단한 심지)
- 직경 18cm 고무풍선 1봉지
- 색 테이프
- 쌀 한 줌이나 알갱이가 큰 곡식(이집트콩 또는 강낭콩)

마라카스 만들기

창의력을 발휘해서 마라카스를 만들어 보자. 몇 가지 만드는 방법을 소개한다.

- 알갱이가 큰 곡물을 넣은 요거트 통 2개를 강력 접착제로 붙이고 고무풍선 띠로 둘레를 감아 잘 지탱해 주자.

- 사용한 풍선 조각과 소량의 쌀이 담긴 작은 물병을 준비하고 강력 접착제로 병뚜껑을 잘 붙이자.

- 투명한 공 모양의 플라스틱 반구 안에 색단추를 넣고 반구 2개를 잘 붙이자.

이제 오케스트라를 연주할 준비가 됐다!

준비물

- 직경 18cm 고무풍선 1봉지
- 요거트 통 2개
- 쌀 한 줌이나 알갱이가 큰 곡물(이집트콩 또는 강낭콩)
- 초강력 접착제
- 뚜껑이 있는 50cl 용량의 빈 병
- 내구성이 좋은 색 테이프
- 투명한 반구 2개
- 색단추

음악을 들으며 그림 그리기

음악을 들으며 함께 그림을 그리면 아이가 지시사항을 더 잘 듣고 움직이면서도 다른 사람들을 방해하지 않는다. 아이와 어른 모두가 함께 즐길 수 있는 시간을 가지자.

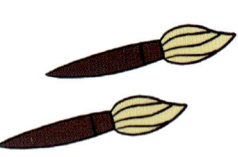

교구 준비

- 컵마다 색깔이 다른 물감 1개를 넣고 붓도 1개씩 준비하자.
- 바닥에 커다란 종이를 깔고 각 모서리는 작은 돌로 움직이지 않도록 고정하자.
- 아이들은 한 가지 색깔을 고르고 놀이가 끝날 때까지 계속 가지고 있는다.
- 부드러운 음악이 흘러나오면 지시사항에 리듬을 붙여서 말하자.

준비물

- 수채화 물감 1개(1인당)
- 플라스틱 컵 1개(1인당)
- 붓 1개(1인당)
- 커다란 흰 종이
- 부드러운 음악

놀이 방법

아이들은 지시사항을 듣고 행동한다. 아이들이 미리 준비할 수 있도록 유의하자. 몇 가지 놀이 방법을 제시한다. 하지만 얼마든지 새로운 방법을 고안할 수 있다.

- 점 1개를 그리자.

- 오른쪽으로 세 발자국 이동하자.

- 가까이 있는 점을 둘러싸는 원을 그리자.

- 오른쪽으로 여섯 발자국 이동하자.

- 다시 점 둘레에 원 2개를 그리자.

- 오른쪽으로 다섯 발자국 이동하자.

- 해처럼 원에서 바깥으로 선들을 긋자.

- 왼쪽으로 네 발자국 돌아가자.

- 원 안에 작은 점들을 그리자.

- 원 안 또는 원 밖에 다리를 그리자.

- 왼쪽으로 다시 세 발자국 이동하자.

- 종이 맨 아래까지 선을 긋자.

- 그 선 위에 타원을 여러 개 그리자.

해바라기 밭처럼 예쁜 상상의 꽃들이 다양한 색을 띠며 조금씩 모습을 드러낼 것이다.
단체화 그리기는 아이들에게 기쁨, 휴식, 만족감을 선사하는 놀이 활동이다.

95

아이의 오감을 깨우는 몬테소리 육아
집에서 할 수 있는 30가지 몬테소리 놀이

발행일 | 2021년 12월 20일
펴낸곳 | 한국교육정보연구원
발행인 | 현호영
지은이 | 델핀 질 코트
옮긴이 | 조선혜
편　집 | 김민정
디자인 | 장은영
주　소 | 서울시 마포구 월드컵로 1길 14, 딜라이트스퀘어 114호
팩　스 | 070.8224.4322
이메일 | uxreviewkorea@gmail.com

ISBN 979-11-88314-98-0

한국교육정보연구원은 교육 전문 콘텐츠의 연구와 전문서적 발행을
전담하는 유엑스리뷰 미디어 그룹의 브랜드입니다.

Découvrir les 5 sens
by Delphine Gilles Cotte

Copyright © 2017, Éditions Eyrolles, Paris, France
All rights reserved.

Original ISBN: 978-2-212-56486-0

This Korean edition was published by UX REVIEW in 2021
by arrangement with the original publisher, Éditions Eyrolles.

이 책은 저작권자와의 독점계약으로 한국교육정보연구원에서 출간되었습니다.
저작권법에 의해 한국 내에서 보호를 받는 저작물이므로 무단전재와
복제를 엄금합니다.

가만히 느껴 봐

델핀 질 코트 지음
멜리상드 루트링거 그림

한국교육정보연구원

가만히 느껴 봐

"뭘 봐요?"
"주위에 있는 모든 걸 볼 수 있지. 무지개색, 하와의 책장에 꽂혀 있는 예쁜 책들, 우리 주변에 있는 작은 곤충들도 볼 수 있단다."

"무슨 냄새를요?"
"모든 냄새를 맡지. 아침에 하와 네가 마시는
따뜻한 코코아, 너의 생쥐 인형, 정원의 꽃향기를
맡을 수 있단다."

"내 귀는 뭘 해요?"
"하와야, 귀로 듣지."

"뭘 들어요?"
"모든 소리를 들을 수 있지. 엄마의
 자장가, 도시의 자동차 소리, 새들이
 노래하는 소리를 들을 수 있단다."

"내 입은 뭘 해요?"
"하와야, 입으로 맛을 보지."

"무슨 맛을요?"
"모든 음식의 맛을 볼 수 있지.
할머니가 해 주시는 애플파이,
호박 수프, 숲속 작은 딸기를
맛볼 수 있단다."

"뭘 만질 수 있어요?"
"겉표면은 모두 만져 볼 수 있지. 고양이의 보드라운 털, 손가락 사이로 미끄러지는 모래와 싱그러운 풀잎도 만져 볼 수 있단다."

"제 심장은 뭘 해요?"
"하와야, 심장으로 사랑을 하지."

"뭘 사랑해요?"
"하와 주위에 있는 모든 사람들, 생명, 우리 머리 위에 드리워진 이 큰 나무를 사랑한단다."

영어로 읽어 볼까요?

– Daddy, what are my eyes for?
– To see, Hawa!

– To see what?
– Everything that is around you: the colors of the rainbow, the beautiful books on your bookshelf, small animals around us...

– And my nose, what is it for?
– To smell, Hawa!

– To smell what?
– All the scents: the one of your hot chocolate at breakfast, the one of your cuddly mouse, the flowers in the garden...

– And my ears, what are they for?
– To hear, Hawa!

– To hear what?
–All the sounds: mom's lullabies, cars in the city, singing birds...

– And my mouth, what is it for?
– To taste, Hawa!

– To taste what?
– Food: granny's apple pie, pumpkin soup, wild strawberries...

– And my fingers, what are they for?
– To touch, Hawa!

– To touch what?
– The different surfaces: the softness of cat hair, the sand slips through fingers, fresh grass...

– And my heart, what is it for?
– To love, Hawa!

– To love what?
– All the people around you, life, this great tree above us!